/ 100 位

为新中国成立作出突出贡献的英雄模范人物/

赵登禹

闫　峰/编著

★

吉林文史出版社

图书在版编目（CIP）数据

赵登禹 / 闫峰编著. -- 长春 : 吉林文史出版社，
2011.4 （2022.4重印）
（100位为新中国成立作出突出贡献的英雄模范人物）
ISBN 978-7-5472-0561-7

Ⅰ. ①赵… Ⅱ. ①闫… Ⅲ. ①赵登禹（1898～1937）—
生平事迹 Ⅳ. ①K825.2

中国版本图书馆CIP数据核字(2011)第050795号

赵登禹

ZHAODENGYU

编著/ 闫峰

选题策划/ 王尔立　责任编辑/ 王尔立

装帧设计/韩璘

出版发行/ 吉林文史出版社

地址/ 长春市福祉大路5788号　邮编/ 130118

电话/ 0431-81629363　传真/ 0431-86037589

印刷/ 天津海德伟业印务有限公司

版次/ 2011年4月第1版 2022年4月第6次印刷

开本/ 640mm×920mm　1/16

印张/ 9 字数/ 100千

书号/ ISBN 978-7-5472-0561-7

定价/ 29.80元

/**100**位

为新中国成立作出突出贡献的英雄模范人物/

八女投江	于化虎	小叶丹	马本斋	马立训	方志敏
毛泽民	毛泽覃	王尔琢	王尽美	王克勤	王若飞
邓 萍	邓中夏	邓恩铭	韦拔群	冯 平	卢德铭
叶 挺	叶成焕	左 权	诺尔曼·白求恩		任常伦
关向应	刘老庄连	刘伯坚	刘志丹	刘胡兰	吉鸿昌
向警予	寻淮洲	戎冠秀	朱 瑞	江上青	江竹筠
许继慎	阮啸仙	何叔衡	佟麟阁	吴运铎	吴焕先
张太雷	张自忠	张学良	张思德	旷继勋	李 白
李 林	李大钊	李公朴	李兆麟	李硕勋	杨 殷
杨子荣	杨开慧	杨虎城	杨靖宇	杨闇公	萧楚女
苏兆征	邹韬奋	陈延年	陈树湘	陈嘉庚	陈潭秋
冼星海	周文雍、陈铁军夫妇		周逸群	明德英	林祥谦
罗亦农	罗忠毅	罗炳辉	郑律成	恽代英	段德昌
贺 英	赵一曼	赵世炎	赵尚志	赵博生	赵登禹
闻一多	埃德加·斯诺		夏明翰	格里戈里·库里申科	
狼牙山五壮士		聂 耳	郭俊卿	钱壮飞	黄公略
彭 湃	彭雪枫	董存瑞	董振堂	谢子长	鲁 迅
蔡和森	戴安澜	瞿秋白			

前　言

　　每个人的心中都多少有一点英雄情结，都向往英雄、景仰英雄。也正因此，在中华人民共和国建国六十周年之际，由中央十一部委联合组织开展的"100位为新中国成立作出突出贡献的英雄模范人物和100位新中国成立以来感动中国人物"的评选活动中，群众参与投票总数近一亿。这其中的每一张选票，都表达了人们对英雄模范的崇敬之情，寄托着对伟大祖国的美好祝福。

　　一个民族不能没有英雄，否则这个民族就不会强大。当国家危难之时，懦弱者选择了逃避、妥协甚至投降，英雄们却挺身而出，用热血捍卫民族的尊严，人民的幸福。在创立和建设新中国的伟大历程中，涌现出无数可歌可泣的英雄模范人物。他们之中，有为了民族独立和人民解放而英勇牺牲的革命先烈，有为了党和人民的事业而不懈奋斗的优秀共产党员，有在全民族抗战中顽强奋战、为国捐躯的爱国将士，有英勇杀敌的战斗英雄和革命群众，有积极从事进步活动的著名民主爱国人士和国际友人……他们是民族的脊梁、祖国的骄傲，是激励全体人民团结奋斗的精神力量。

　　《100位为新中国成立作出突出贡献的英雄模范人物传记》丛书，就像一部星光璀璨的英雄谱，真实、完整地记录了英雄模范人物不平凡的一生，再现了他们非凡的人格魅力和精神世界。"头颅可断腹可剖"的铁血将军杨靖宇，"毫不利己，专门利人"的白求恩，"抗战军人之魂"张自忠，"砍头不要紧"的夏明翰，"俯首甘为孺子牛"的文化斗士鲁迅……一串串闪光的名字，一个个动人的故事，犹如群星闪烁，光耀中华。

　　如今，战火已熄，硝烟已散，英雄已逝，我们沐浴在和平的幸福之中。在和平年代，人们不会忘记为今日的和平浴血奋战的英雄们，英雄的故事永远不会结束。让我们用英雄的故事唤醒我们心中的激情，为中华民族的伟大复兴而奋斗。

生平简介

赵登禹（1898-1937），男，汉族，山东省菏泽县人，中国国民党党员。

赵登禹1914年加入冯玉祥的部队，由士兵晋升为排长、连长、营长、副团长、旅长、师长等职。1926年参加北伐。九·一八事变后，主张抵抗日本。1933年任第二十九军第三十七师第一〇九旅旅长，后任第一三二师师长。1933年第二十九军长城抗战时，奉命率部增援喜峰口、潘家口，与敌激战，取得胜利，打击了敌军的嚣张气焰，大长了抗日军民的士气。全面抗战爆发后，7月下旬，日寇在飞机和坦克的掩护下，分别向北平、天津以及邻近各战略要地大举进攻。担任一三二师师长的赵登禹，率部守卫北京城外的南苑。日军出动四十余架飞机轮番轰炸阵地，并有三千人的机械化部队从地面发动猛烈攻击。一三二师将士在赵登禹的率领下，不畏强敌，奋勇抵抗。日军将中国军队切成数段，分割包围。部队孤军作战，在敌人炮火和飞机的狂轰滥炸下，损失惨重。赵登禹率部誓死坚守阵地，拼死抗击。7月28日，在奉命向北平撤退途中，遭致日军伏击，他指挥部队与日军激战，身负重伤仍指挥作战，壮烈殉国。1937年7月31日南京国民政府发布命令，追授赵登禹为陆军上将。抗战胜利后，北平市政府将北沟沿改名为赵登禹路，以示纪念。

1898-1937
[ZHAODENGYU]

◀ 赵登禹

目 录 MULU

大刀敢死队的灵魂(代序)

"大刀向鬼子们的头上砍去！二十九军的弟兄们！抗战的一天来到了！抗战的一天来到了！前面有东北的义勇军，后面有全国的老百姓，咱们二十九军不是孤军。看准那敌人，把它消灭！把它消灭！冲啊！大刀向鬼子们的头上砍去，杀！"这首创作于1937年七七事变之后的《大刀进行曲》，一经传唱后，便唱遍大江南北，多少次弹尽粮绝之际，多少个英雄好汉，咱们的子弟兵们，就是吼着这首歌，抡着大砍刀往鬼子堆儿里冲。一唱《大刀进行曲》，就得提大刀队，一提大刀队就不能不说二十九军的长城抗战，一提二十九军就不能不说爱国将领赵登禹将军。

1898年赵登禹出生在有"武术之乡"之称的曹州，曹州人自古以来以武为荣，具有重诺言、轻生死、除暴安良、行侠仗义、宁为玉碎不为瓦全的品性。赵登禹不但继承了曹州人的这些优良传统，同时心中还多了一份要铲尽天下不平事、服务穷苦大众的愿望。而从小艰苦的生活，劳动的磨炼，使赵登禹长成了一个身材魁梧的"山东大汉"，一米九二的身高，一身的好功夫，让他在军队里如鱼得水。

在那个物资短缺的年代，中国军人只能靠着有限的武器来对抗日本帝国主义的侵略，赵登禹带头在二十九军中练习使用大刀，并且把自己一身的功夫教给士兵。在喜峰口战役中，他带领二十九军，以大刀为武器，杀敌三千余人，取得了自九·一八日本侵略中国之后，我军最大的胜利。日本各报刊登了这一惨败的消息，称此役"使日本皇军遭到奇耻大辱"。当时的关东军司令武藤信义，在给长城前线指挥官坂本的电报中训斥道："喜峰口一役，丧尽皇军威名！"赵登禹和整个大刀队也在这些战役中威名远播，而他也成了大刀队的灵魂人物。此后，在赵登禹等人的领导下，大刀队高歌猛进，所到之处敌人闻风丧胆，而前面的那首《大刀进行曲》就是在这种背景下产生的。

　　1937年七七事变后，赵登禹所在的二十九军被调往南苑驻防，在与日军激战数日后，终因寡不敌众而失败，赵登禹、佟麟阁等人壮烈牺牲，但英雄的血并没有白流，他们顽强抵抗日军的精神鼓舞着一批批有志青年投身战斗，在中国共产党的正确领导下，在广大军民的齐心协力下，经过八年的抗战，日本帝国主义无条件投降，中国人民迎来了一个新的纪元。

英雄的土地

(1898-1913)

→ 倔强少年

（0-12 岁）

赵登禹，字舜诚，1898 年（清光绪二十四年）5 月 16 日出生于山东曹州（今菏泽县）城西赵楼村一个贫苦农民家庭里。父亲赵锡君，母亲郝氏。赵锡君生三子二女，赵登禹是第三个儿子，小名叫"三儿"，排行第四。他的长兄名叫赵登銮、次兄名叫赵登尧。

由于家境贫苦，赵登禹的两个哥哥都没能上学读书，从小就帮着父母干活。赵登禹自幼长得虎头虎脑，聪明伶俐。7 岁时，村里的老人们看到他好动脑子，透着一股机灵劲儿，就劝他父亲想法让孩子上学。父亲咬了咬牙，把赵登禹送到赵楼村的私塾读书，赵登禹深知家境贫寒，念书不易，因此，学习很刻苦，每次考试都名列前茅。9 岁那年，父亲去世，全家只能靠几亩薄田和母亲艰苦劳作维持生计，实在负担不起学费，赵登禹只好退学。他很懂事，每天都主动帮母亲做些事。由于艰苦生活的磨炼，他臂力过人，胆大机智，也养成了他吃苦耐劳、富于同情心、乐于助人的好品德。

有一次，赵登禹和同村的小伙伴一起去割草，远远地看见一位白发苍苍的老婆婆在割麦子。走近一看，是本村的三奶奶，老人60多岁了，没儿没女。他就和小伙伴商量"咱们先帮三奶奶收完麦子再去割草好吗？"大家都同意了，一起动手帮三奶奶把麦子割完捆好，又送到了三奶奶家，等到返回地里割草时已经快中午了，其他的小伙伴都有点儿累了，想下午再割，可赵登禹却说："不行，该割多少草还得割多少。"他让其他的小伙伴先去歇会儿，自己拿上镰刀就割起草来，他不但把自己的筐割满，还帮其他的小伙伴也把筐里填得满满当当，由于赵登禹肯帮助人，小伙伴们都愿意和他一块儿玩，一块儿割草。

赵登禹懂礼貌，尊老爱幼，好打抱不平，遇事主持公道。小伙伴们在一起发生了争执，他总是站在有理的一方。不管是谁，有多厉害，只要不讲理，他绝对不会轻易放过。因此他在伙伴中间有很高的威信，很有号召力。当同伴们遇到危险或受到欺辱时，他总是挺身而出，显露出他那天不怕、地不怕的性格。一次，他和小伙伴们去摘桑叶，回来的路上遇到了一个大户人家的少爷，这个少爷仗着自己家里有钱有势，硬说摘的是他家的桑叶，不让他们带走，要是想带走就必须从他胯下钻过去。小伙伴们都吓哭了，赵登禹挺身而出，说："是我领着大伙儿来的，你把他们放过去，让我一个人钻好了。"等其他人都走远了，他就一个箭步冲上去，把那个仗势欺人的少爷按倒在地，狠狠地打了一顿。事后小伙伴们说："三儿真是好样的，和你在一起我们什么都不怕。"

→ 立志学武

　　赵登禹出生的曹州尚武，在明清时期，曾以"武术之乡"著称。每到秋冬闲暇季节，曹州地面上的民众常常练武强身，对他们来说，练拳就如吃饭穿衣一样平常。在军阀厮杀时期，有"无曹不成兵"的说法，小时候的赵登禹就常常和大人们一起练拳。13 岁那年，赵登禹和二哥赵登尧一起拜当地著名洪拳武师朱凤军为师习武，开始了与刀、枪、棍、棒为伍的生活。他练功十分刻苦，师傅让他把每一个招数练五遍，他却要练上十几遍甚至几十遍，虚心向师傅求教，进步很快。不到一年的时间，打拳劈刀，样样娴熟，并能融会贯通。

　　有一天，朱师傅想试一下赵登禹的胆量，

问他:"你知道今天村西新添了个坟头吗?"他说:"知道,那是一个吊死鬼的坟。"师傅说:"今天夜里,你敢到那里打一回拳吗?"赵登禹胸脯一挺说:"敢!"说完,就提了一把春秋刀,向村西的坟地走去。他走到新坟地,把衣服一脱,就练起无形刀来,一直练到半夜才回来。第二天朱师傅到坟地一看,发现坟地周围都被他踩平了。

铁血行伍

(1914—1919)

→ 参军之路

（16岁）

　　艰苦的生活，劳动的磨炼，使赵登禹长成了一个身材魁梧的"山东大汉"。16岁的赵登禹身材高大，看上去就像个成年人，但脸上却是一团稚气。随着年龄的增长，对社会接触的增多，他逐渐感到世道不平，开始寻思自己的出路。赵登禹常听村里的老人讲一些武侠们行侠仗义、除暴安良的故事。他尤其赞赏武侠们杀富济贫、为民除害的豪侠之举，他曾幻想有朝一日把恶霸豪富统统杀掉，把他们的财产、土地全部分给老百姓。经过一段时间的考虑，赵登禹觉得当兵是一条出路，当兵就能有枪，有了枪就什么都不怕了。但在当时投军并不是一件简单的事，一个是大人们的反对，因为当时人们都被"好铁不打钉，好男不当兵"的旧思想束缚着。另一个是旧农村的孩子都没有出过门，没见过什么世面，不敢去。还有就是去投谁的问题。投奔那些祸国殃民的军阀，和自己的愿望不相符，也不能去。一个偶然的机会，赵登禹听别人说当时驻扎在陕西潼关的冯玉祥部队纪律严明，不欺负老百姓，深受当地百姓的欢迎。赵登禹听后，心里非常高兴，暗暗下了决心：投奔冯玉祥去！

1914年初秋，刚满16岁的赵登禹与二哥赵登尧及同乡赵学礼、赵全德等人瞒着家里的人踏上了去潼关的道路。从菏泽到潼关，有九百多公里，几个年轻人没什么钱，买不起车票，只好步行，风餐露宿，出门时带的几个钱，很快就花完了，他们就靠帮人打工扛活挣几个饭钱。

经过二十多天的跋涉，他们终于到了潼关。然而这时他们才知道，

△ 佟麟阁

部队招收新兵的工作已经结束，且招收名额已满。伙伴们都很泄气，有人主张返回菏泽，但赵登禹坚决不同意，他说我们大老远地跑来，一句话就给打发了，不行！我们一定要当兵。他们几个多次找到负责招新兵的长官"死缠硬磨"，诉说了他们几个迫切的愿望和为了当兵所经历的千辛万苦。那个长官说："你们当副兵，只吃粮不发饷，干吗？"赵登禹回答说："我当兵不是为了发财，要为发财我就不当这个兵了。"长官被他的诚意打动，最后同意把他们收下，分配在第一团三营二连，其连长就是后来与赵登禹一起浴血南苑的佟麟阁。

→ 初识冯玉祥

★★★★★

（17—18 岁）

赵登禹当上兵以后，对自己要求十分严格。部队训练时，他刻苦练习各种动作，直到达到要求为止。由于赵登禹学过武术，有一定的基础，加上他又能吃苦，所以他的动作标准、利索，深受部队长官们的好评。经过几个月的训练，赵登禹的军事技术大大提高。同时艰苦的军事训练使他发育得又高又壮，变得更加结实了。

一次偶然的机会，冯玉祥在众多的士兵中发现了赵登禹。

这一天，冯玉祥检阅部队时，发现行进的队伍中，有一名大个子士兵的步伐与整个队伍的行进步伐很不协调，细看之下，原来他是趿拉着鞋子走路。冯玉祥很生气，当即走到大个子士兵面前，严厉斥问他是怎么回事。这个大个子兵就是赵登禹。赵登禹并不知道对面的人就是冯玉祥，但见长官问话，只好照实回答："鞋子小，脚吃亏。"冯玉祥上下打量着这个满脸孩子气的士兵，发现他竟然和自己的个子不相上下，一问年龄还不到17岁，而他的脚也确实太大了，难怪没有鞋子穿，他转身叫来军需官，让他迅速想办法给赵登禹做大号鞋，并在第二天把自己的备用鞋送给了赵登禹。

这件事，对赵登禹以后的军旅生涯产生了重要影响。此后，冯玉祥开始注意赵登禹，了解到他是曹州人且练过武术，有相当的武功根底，而冯玉祥本身也是武术高手，刀术更高明，便一直想找个机会试试他。没过几天，士兵练操，比试对打，冯玉祥在一边观看。赵登禹身高劲大，手脚麻利，敢打敢拼，能攻能守，个个都成了他的手下败将。冯玉祥越看越喜欢，把衣服一脱，走到赵登禹面前说："来! 这回咱俩较量较量。"这时赵登禹早已知道了旅长的为人和脾气，就不客气地说："您要让着我点儿。"冯玉祥一亮招，赵登禹噌地一下攻过去，两人你来我往，一闪一挪，滚来滚去，真是棋逢对手，打得难分难解。赵登禹越斗越欢，猛然抓着冯玉祥转身的破绽，弓腰挥臂向前一挺，把冯玉祥扛了起来，冯玉祥四肢不着地，有劲儿用不上，这时赵登禹一叫劲儿，嗨！正要用力往外扔，可吓坏了一边观阵的排长，连忙大叫起来："快放下旅长！"赵登禹忙一想，不把对手摔倒算什么赢呢？没等排长跑过来，赵登禹肩头一顶，两手顺势往前一推，扑通一声把冯玉祥摔在地上。排长气得一跺脚，又忙去扶冯玉祥。赵登禹一看地上的旅长被摔得直喘粗气，慌了手脚也忙着跑了过去。冯玉祥对他说："你小子真行啊！有胆量敢摔旅长，明天叫他去旅部找我。"第二天赵登禹去见旅长，一进门冯玉祥脸一嗔问他："为什么要使劲儿摔我，老实说。"赵登禹心里说反正较量是你挑起来的，你是官，你爱怎么办就怎么办吧，头一抬说："比武较量不能论是官是兵，只能论谁胜谁负，我不摔倒你咋能断输赢呢？"几句话说得冯玉祥心花怒放，他拍拍赵登禹的肩膀笑着说："小伙子真行，从今天起你就做我的警卫员吧。"

　　能够给冯玉祥当警卫兵，对于普通士兵来说，是一件很荣耀的事。赵登禹很珍惜这个机会，尽心尽力完成护卫任务，颇受冯玉祥的信任与称赞。有一次，赵登禹跟随冯玉祥检阅部队，检阅过程中，他突然发现有一刺客欲刺杀冯玉祥，情急之中，他当即向刺客扑了过去，没等刺客下手，就一顿拳打，把刺客打翻在地。这件事不仅使人们敬佩他的高超武艺，而且也更加赢得了冯玉祥

△ 冯玉祥的陆军第十六混成旅纪念章

的信任。

在完成护卫任务的同时，赵登禹还利用经常在冯玉祥身边的机会，观察了解冯玉祥的为人处世及治军作风等，并从中学习有用的东西。冯玉祥治军甚严，并高度重视部队的政治教育工作。部队训练中就有"政治"一项，他曾亲自为战士上政治课，以"不扰民，真爱民，誓死救国，反对官僚政府，反对外国侵略"等朴素的爱国爱民思想来教育战士。他还礼聘了一批知识分子，编写了《识字课本》、《精神书》、《军人宝鉴》等通俗易懂的小册子，供战士们使用。部队上下一派读书学习的新气象，冯玉祥本人更是带头读书，并给赵登禹规定，在自己读书写字的时间里，不见任何人，无论是谁，一律挡驾。为此，冯玉祥还写了一块"冯玉祥死了"的牌子，在自己读书写字的时候，由赵登禹挂在大门上，拒绝接见任何人。赵登禹严格地遵守冯将军的作息时间，只要是这期间来见冯玉祥的人，都被他毫不客气地挡驾。正是在冯玉祥的言传身教下，赵登禹逐步养成了读书学习的良好习惯。以后又经冯玉祥的帮助，进入西北军教导团学习，并对书法、绘画产生了兴趣。这些都与他在这期间的学习分不开，为其今后进一步发展打下了良好的基础。

冯玉祥对士兵的道德教育也极为重视。他自编词自配曲搞了一系列歌曲，规定新兵走在街上要唱《烟酒必戒歌》和《嫖赌必罚歌》，说这既可自励，又能宣传教育群众；集合时要唱《国耻歌》、《精神歌》。在平时的精神教育中，冯玉祥也经常通过浅显的事例，向士兵灌输传统的效忠国家、孝敬父母、爱护民众等思想，这些措施显然起了十分积极的作用。年轻的赵登禹，跻身于这样的队伍中，使他无形中感受到了一种凛然正气。

有一次，赵登禹随冯玉祥赴宴，见酒宴极度奢侈，锃亮的红漆八仙桌上放着雕花彩色细瓷碗碟，晶莹如玉；象牙筷子，银调羹，山珍海味多有冯玉祥见都没见过的，而主人竟还满口谦词：什么"敝舍寒酸"，什么"切莫见笑"，并请妓女相陪。席间，主人特意让一个珠光宝气的妓女向冯玉祥投怀送抱，又问："冯旅长，这个妞儿可中您的意吗？"冯玉祥大怒，拍案而起道："我不干你们这种肮脏事！"愤然离去。随后，他痛苦了好几天，决定也设宴"回报"，治治这群搜刮民膏、声色犬马的官僚、军阀们。于是请来高手厨师，购买名贵酒菜，又让赵登禹到街上找来十几个叫花子。冯旅长大宴宾客，官场无不好奇，接到请帖议论纷纷，但一入席见酒宴丰盛，也就放心，准备大吃大嚼。冯玉祥说："有来无往非礼也，我请客也不能没人陪酒。"众官僚、军阀喜出望外，只听冯玉祥说了声"请！"字，赵登禹将客厅门咣啷一声拉开，便见一群叫花子涌了进来，一个个骨瘦如柴，蓬头垢面，拎着烂瓦罐，拖着打狗棍，狼狈模样目不忍睹。众宾客一见，仿佛掉进了冰窖浑身发冷，全傻眼了，只能耸着肩，缩着头，听冯玉祥教训："请诸位看看吧，都民国了，我们的国民还提着要饭棍！民国民国，民是主人，我们应该是老百姓的奴仆。可我们的主人却提着要饭棍，我们的脸往哪儿搁？"说罢，又掏出两块银元，用命令的口气说："请人陪酒，得给工钱，每人两块，都放在这儿吧！"众官僚、军阀唯唯诺诺，只好掏钱……

这件事给赵登禹留下了深刻的印象，使他明白了要时刻不忘百姓疾苦，关心国家的兴亡。

冯玉祥的十六混成旅在陕西驻军多年。1915 年初，袁世凯又无耻地与日本秘密谈判，签订卖国的"二十一条"，事情泄露后，激起全国公愤。适值四川省内发生讨袁同盟事件，后虽被镇压，但局势仍不稳定。为了控制局面，袁世凯特派心腹陈宦去四川办理军务，并指派三个旅的人马同行，冯玉祥的十六混成旅名列其首，赵登禹作为冯玉祥的警卫兵随冯入川。冯玉祥早年就参加了推翻帝制、创建共和的革命，如今袁世凯却要恢复帝制，他的内心非常矛盾痛苦，所以私下里与讨袁的蔡锷联系，与护国军联为一体，挫败了袁世凯称帝的阴谋。在这过程中赵登禹护卫着冯玉祥，往来传令，非但不觉得临阵的紧张，反而觉得兴奋有趣。1916 年初夏，当时的国务总理段祺瑞为恐冯玉祥在四川成势，难以牵制，乃调冯玉祥率部到廊坊至通州一带驻防。

在廊坊期间，冯玉祥开始扩充部队。为保证士兵质量，冯玉祥命下级军官返家探亲，各择农家良善子弟带来入伍，因此，所招新兵没有刁顽无赖之徒。这一次，赵登禹被破例批准回乡，招回二十多个新兵。由于他们这次招的兵多是沾亲挂友，使部队平添了子弟兵的色彩。十六混成旅扩充后成了三个团。

→ 为民除害的打虎英雄

★★★★★

（19—21岁）

1917年，赵登禹随冯玉祥誓师讨伐张勋，其所在的佟麟阁连队首先破坏津浦铁路阻敌北上，复迎敌于万庄，后又马上进攻北京。冯玉祥率部与复辟军激战于丰台、天坛一带，将复辟军击溃。

这年秋，赵登禹又随冯玉祥进驻湖南常德。长期跟随在冯玉祥的身边，赵登禹不但学会了很多军事指挥的方针策略，而且还从冯玉祥身上学到了效忠国家、孝敬父母、爱护民众等许多好的作风。

常德驻有日本的领事馆，还有一些日本侨民浪人散居其间。这些日本人依仗其领事馆的势力，经常寻衅滋事，并勾结当地的歹徒，欺压百姓。当地的官府害怕日本人势力，明知他们横行不法也不愿、不敢去管，老百姓更是敢怒不敢言。赵登禹住了一段时间后，发现这些情况，很是气愤，强烈的正义感促使他决心寻找机会教训教训他们，很快机会就来了。一天，几个日本浪人酒后寻衅闹事，在街上殴打无辜的中国小商贩，正好被赵登禹碰上。他把那几个日本浪人狠狠地揍了一顿，并让他们当众向中国商贩认罪道歉，然后将他们带回冯玉祥的司令部，交由冯玉祥处理。冯玉祥听了汇报后，义正词严地怒斥了日本浪人的不法行为,并向当地日本领事馆提出交涉。经过多次协商，最后迫使日本领事馆出面向中方赔礼道歉，并承诺以后对日本浪人严加管教，保证不再重犯，这样，才把几个闹事的日本浪人放回。此举深得当地老百姓的称赞，赵登禹也因此事更得冯玉祥的赏识。

没过几天，几个日本海军的士兵摇摇摆摆地从南门进城，把守城门的士兵要加以检查。日本兵在中国境内放肆惯了，哪里肯听这个，表示不受检查，哨兵为了执行命令，非检查不可，其中一个日本士兵竟给了哨兵一个巴掌，哨兵不能容忍，当即用刺刀与之搏击。结果，日本士兵中三名受了伤，只好愤愤地抬回兵舰上。这天正好是赵登禹为冯玉祥值勤，见驻常德日本居民会会长高桥新二和一个日军舰长杀气腾腾地要见冯玉祥，说中国军队要对他们检查，还敢出手殴打日军。赵登禹把这件事告诉了冯玉祥。冯玉祥传令让他们进来，日军舰长一见到冯玉祥便说："根据军规，对你们行凶的士兵必须立即监禁！"冯玉祥问他："你这是根据什么说的？"那位舰长就从腰里掏出一本很厚的小册子，冯玉祥一看，竟然是《日本海陆军刑法》，冯玉祥大怒："欺人太甚！你用你们的日本军法来判处我们的士兵，这里是中国的土地，我们的士兵有权维护地方治安，有权检查任何进城人，若对方不接受检查，即是强盗匪徒。我们的士兵忠实地执行命令，打伤了一些匪徒，我要大大地赏他这个大功。这就是按照我们的军法的办法。"日军舰长见冯玉祥口气不善，当下掏出枪来要对冯玉祥行凶。赵登禹手疾眼快，未等日军舰长抬起枪口，已纵身而上，左手将枪抓牢向上一扳，抢在手里；右手一拳将日军舰长击个仰面朝天，又一扑上前劈胸揪了起来。两个日军官吓得浑身哆嗦，只好息事宁人，灰溜溜地走了。这件事很快在常德传开，大长中国人志气，大灭帝国主义威风。从这件事也能看出，赵登禹对日本人的切齿仇恨，从青年从军时就开始了。

常德附近的山上有一只老虎，常在夜间下山，出没于附近村庄，伤人害畜，闹得附近百姓不安，鸡犬不宁，大伙儿为此伤透了脑筋。赵登禹听说此事后，就一直想去那里看看，他的老家离武松打虎的阳谷很近，武松的神勇从小就印记在他的心中。而事情就是那么凑巧，一次赵登禹在上山执行任务时正好遇到这只老虎，他机智地躲过老虎的扑咬，将老虎击毙，扛着下了山。方圆几十里的老百姓闻讯赶来，参观者络绎不绝，交口称赞。冯玉祥得知后更是兴奋异常，专门请来摄影师，让赵登禹骑在被打死的老虎身上照了一张照片，并亲笔在照片上题写了"打虎将军 冯玉祥题"八个字，以资鼓励。从此，"打虎将军赵登禹"的事迹就不胫而走，在远近八乡的百姓中传诵。

在常德驻守的这段时间，赵登禹苦练射击、拳术、刀术、马术等本领，还学会了游泳。他还把自己多年来学习的武术传授给其他士兵，以备作战时使用。此时的冯玉祥正当盛年，胸怀以天下为己任的大志，决心要训练出一支战无不胜的部队。他委派军中学究陈经绥编写了《军人读本》，从《战国策》、《国语》及梁启超等人的著作中选用一些文章，由文化较高的军官讲授，并强调人人都须背诵。赵登禹在这时期对此有了更深的领悟。

1919年5月4日，也就是进驻常德的第二年，北京爆发了五四爱国运动，常德所有学校师生纷纷响应。有一次，学生们上街宣传抵制日货，愤怒捣毁一家日本洋行，正好赶上赵登禹在街上值勤，日本老板过来拉住赵登禹，要求予以制止，赵登禹甩开老板的纠缠，扬长而去。

△ 1919年5月4日爆发了反帝爱国的五四运动。这是北京大学的游行队伍向天安门进发。

冯玉祥表面上是受北京政府派遣而驻扎常德，以对付南方和各路护国军，实际上，他是"身在曹营心在汉"，根本不想为段祺瑞的武力统一方略效力。此时，南方各军鱼龙混杂，真革命与假革命搅在一起，不久，北洋军阀内部直、皖两系发生矛盾，吴佩孚率军北上，直皖战争一触即发，南方护国军赵恒惕等趁机进军长沙，将段祺瑞的亲信湘督张敬尧赶走，十六混成旅顿时面临三面受敌的威胁。1920年夏，鄂督王占元向冯玉祥发电，请求他来湖北援助，以防张敬尧、吴光新两支大军对湖北形成围困之势。7月，赵登禹所在的十六混成旅为了不惊扰百姓，在滂沱大雨中离开常德，由于两年来军纪整肃，又为百姓办了许多兴利除害的好事，常德人民对他们怀念不已。

神勇盖世

(1920—1927)

→ 鸿门宴上生擒郭坚

★★★★★

（22—24岁）

　　冯玉祥抵达沙市时，又接王占元电，说鄂境安全有保障，不用前来了。但此刻冯玉祥部已是离弦之箭，不容改变。冯玉祥明知前路艰险，仍奋勇挥师，直达武汉。王占元虽如芒刺在背，但他也深知冯玉祥的十六混成旅不可小看，不敢强行驱逐，遂让冯玉祥部驻于一家造纸厂内。武汉的夏天可以用火炉来形容，造纸厂内又很潮湿，被褥从来就没有干的时候，赵登禹所在连队因担负护卫首长的责任，需要衣帽整齐，不许随意脱卸，因而额外加重了酷暑之苦。冯玉祥经常去汉口公干，每次赵登禹必随从护卫。

　　按规定十六混成旅编制应不超过五千人，但此时已发展到近万之众，由于粮饷供应无保障，部队后期只能吃发霉的大米，赵登禹有时还要随冯玉祥去河边洗米，由于官兵上下一致，虽然吃苦但却没有骚扰民众的现象。由于粮饷问题，冯玉祥多次向北京政府函电求告，吴佩孚深知冯玉祥的实力，怕他不肯为己所用，形成大患，就命冯玉祥率部移豫南信阳，想将冯玉祥饿垮在一个"安全地带"。信阳本就是穷困之地，一下子来了近万大军，地方更是穷于支援。战士每天只能吃盐水拌和的粗粝食物，冯玉祥无奈之下，只能四处"打劫"税款为自己的军队增加收入。饷糈供给得到了改善后，冯玉祥更加紧刻苦练兵。赵登禹经常处于冯玉祥视线之下，训练尤为刻苦。

△ 吴佩孚

1921 年 5 月北方军阀曹锟、吴佩孚等人为铲除陕西督军陈树藩，命第二十师师长阎相文领陕西督军衔，会同吴新田的第七师以及冯玉祥的十六混成旅联袂入陕，以武力接管陕西军政大权。是年麦熟季节，冯玉祥率部向西进发，出潼关后遇到陈树藩部的迎击，刚一接火，陈军便狼狈后退。赵登禹作为警卫紧随冯玉祥左右，当时，尚无现代化的通讯手段，全靠人奔跑传递命令，遇到重大命令，赵登禹便亲自去执行传达任务。陈树藩部本来就腐朽不堪，几场败战下来，斗志全无。西安刚一开打，陈军便弃城西逃。阎相文遂率部进驻，接过督军大印。冯玉祥部奉命在咸阳驻扎。

这期间发生的一件小事，使赵登禹对冯玉祥的敬意又增加了一层。三营长谷良友是曹州巨野人，也是冯玉祥早年同营的旧友，曾有恩于冯玉祥。在激战中他自恃资历深，不听团长李鸣钟的指挥，还公开顶撞并擅自更改作战计划，李鸣钟虽然很生气，但因为谷良友与冯玉祥的特殊关系，不便发作，只能找到冯玉祥诉说。冯玉祥立即将谷良友传来，当众用皮鞭抽打一顿，宣布撤职。冯玉祥这种不徇私情、赏罚分明的作风，让赵登禹深感敬佩，对他以后带兵也有很大的影响。

吴佩孚虽然深恶冯玉祥拥兵自重，但恐其生变，便下令第十六混成旅扩编成为第十一师，冯玉祥任师长。就在此时，驻扎在凤翔、岐山一带的土匪郭坚，趁陕西局面混乱之际，打着"靖国军"的旗号，到处杀人放火，抢夺民财，成为一方大害。冯玉祥和阎相文商议后，决定除掉郭坚。有一天，冯玉祥在西安讲武堂内设下"鸿门宴"，准备一举将郭坚擒获，不料，在宴席进行时，埋伏于屏风后的士兵因探头挤看冯玉祥与郭坚对饮，竟将屏风挤倒。郭坚及其卫兵二十多人见状拔枪，企图先发制人。在此紧急关头，赵登禹挺身上前，三拳两脚，将郭坚按倒在地，捆了起来。接着伏兵一拥而上，将郭坚的卫兵全部缴械。事后，郭坚被公开枪决。不久，阎相文因受到吴佩孚排挤而自杀，阎相文一死，冯玉祥立即接任了陕西督军要职。冯玉祥再次整顿军队，擢升了一批军官，赵登禹被任命为第十六混成旅直属工兵连第三排排长。陕西盛产鸦片，军队中有些长官也有此爱好，冯玉祥深知自己部队的处境，便严饬所部：任何人若染毒品，必予严惩。同时，他运用督军实权，雷厉风行地开展禁烟活动。年轻的赵登禹紧紧追随着冯玉祥这样的主将，不离左右，因此，能在龌龊的环境里一尘不染，这无疑是他的莫大幸运。

　　赵登禹直到 1921 年改任他职，一直跟随在冯玉祥身边长达六年之久。这是他一生中非常重要的六年，无论是军事技术还是读书学习，他都有了长足的进步，思想意识也有很大提高。尤其是对冯玉祥治军练兵、作战风范的逐步认识与深刻领悟，对其以后行军打仗、治军练兵有很大的帮助。

1922 年 3 月底，酝酿已久的直奉之战终于爆发。吴佩孚急调冯玉祥率部入豫，冯玉祥此时正在为陕西粮饷难以为继而犯愁，有此机会便毅然率军进潼关直奔郑州而来。赵登禹跟从冯玉祥参加直奉战争，直至奉军失败。直奉之役，冯玉祥立下汗马之功，吴佩孚为笼络他，立即委任他为河南督军。年底，因不满吴佩孚一再克扣粮饷，冯玉祥投靠另一军阀曹锟，曹锟正想收买冯玉祥这样的骁将为己所用，便赶到北京总统府为冯玉祥说话，终于为冯玉祥争了个"陆军检阅使"的新职，命他率部入京。

→ 南苑军训

冯玉祥多年率部转战四方，如今获得休整良机，决心练出一支无敌于天下的雄兵。陆军检阅使署本就是个闲衙门，冯玉祥很少去那里。大部分时间他都待在南苑兵营，主持军事训练。冯玉祥深知自己的部队装备低劣，与拥有现代重武器的敌人作战，必须有正确的战术。他根据装备上敌强我弱，素质上敌弱我强的情况，确定以近战、夜战、白刃战为训练目标。选用中国式大砍刀作为除步枪外的主要武器，从传统武术中择取实用套路，用以训练士兵。以后的战事证明，冯玉祥部队的大刀具有相当大的威力，不但国内军阀望而胆寒，连日本侵略者也畏之如虎。所谓强将手下无弱兵，赵登禹也常常作为榜样，为大家示范大刀的用法。

在思想教育上，冯玉祥特别注重爱国与爱民的一致性。每逢检阅部队，他总要高声提问："你们从哪里来？"士兵答："从农村来。"问："你们的父母是什么人？"答："老百姓。"问："你们吃的、穿的是什么人给的？"答："是老百姓给的。"他还亲自编写了《爱国精神》《军纪精神》等小册子，强调"我不以死救国，则我国必做敌之奴隶"、"人无命脉必死，军无纪律必亡；饿死不取民食，冻死不取民衣"等等，他的这种思想，早已浸润到

△ 陆军检阅使署旧址

赵登禹的血液之中。

南苑练兵，对赵登禹等人产生的影响是巨大而深远的。从他们以后的军事生涯来看，他们继承了冯玉祥领兵思想中很多好的方面，在民族危亡的关头，能够恪尽军人的天职，经受住了历史的考验。五万人马经过两年的强化训练，成为士气高昂、体魄雄健的劲旅，也成为冯玉祥登上历史舞台的基础。

在南苑军训期间，还发生了一个小插曲，赵登禹好打抱不平的性格又一次显现。有一次，冯玉祥带赵登禹去打猎，晚上歇在一个靠山的村子里，正要睡觉时一个穿缎子长袍马褂的老头闯进来，冯玉祥认出他是当地的财主，有钱有势。老财主气冲冲地说："你手下人把我儿子的腿都打断了，你管不管？"冯玉祥："什么时候？"他说："刚才，现在打人的人在外面呢！"冯玉祥叫卫兵把人带进来，一看正是赵登禹，便问："你为什么打人？不知道我冯玉祥的兵是不打老百姓的吗？"赵登禹回答道："人是我打的，那是因为那人该打。"旁边的两个士兵也同声说："排长是见义勇为救好人啊！"原来，晚上赵登禹出来查看周围情况，转到房后，隐约听到一个女人的呼救声。他便和两个士兵顺着声音找去，正遇上两个大汉拖着一个姑娘，后边还跟着一位阔少爷。赵登禹拦住路，让他们把人放了，结果阔少爷不但不理他，反而命那两个大汉教训他，只是那两个人根本就不是赵登禹的对手，几下就被制伏了，阔少爷一看架势不好，就说："你知不知道我是谁? 我爸是这一带的大财主，我哥在政府里当大官，你敢惹我，你是不要命了! "哪知赵登禹听后，只是轻蔑地一笑，下手却更重了，结果那阔少爷就被打断了腿。冯玉祥听完原委后，问赵登禹："他说他哥是省里的大官，你为什么还打? 不怕他去他哥那里告状吗? "赵登禹说："他要不说，我兴许还不打得那么使劲儿呢! "冯玉祥听后大笑起来说："行啊，真是好样的! 不畏权贵，像个领兵的。领兵的就是要敢于自己决定，遇到情况该打就打，管他是什么天王老子。今天你打人'有功'就升你当连长，作为鼓励。"从这件事也可以看出冯玉祥对赵登禹的喜爱与栽培。

转战各地初显军事才华

★★★★★

（27—29岁）

1923年10月第二次直奉之战正式开始，冯玉祥被任命为"讨逆第三军总司令"，率军出古北口进入热河，由西路迎击奉军。冯玉祥早就对吴佩孚不满，此次又被派往热河，不但粮饷短缺，而且沿途还不少兵战，大军所经之处都是荒山野岭，人烟稀少，若真按吴佩孚之命行军作战，数万大军纵不饿死，也必溃散。冯玉祥便私下里与奉系张作霖的代表谈判并达成共识。与此同时，奉军在山海关一线猛攻直军，直军不断败退，吴佩孚亲赴前线，北京城内空虚，冯玉祥觉得时机已至，立即命部队兼程赶回北京，发动了北京政变。之后，冯玉祥等部成立国民军，由冯玉祥出任总司令兼第一军军长，胡景翼、孙岳为副总司令。其后，冯玉祥积极联络各派势力，促成段祺瑞政府的成立。不久，冯玉祥被任命为西北边防督办，统领察哈尔、绥远、甘肃、宁夏等省军政事宜。之后，冯玉祥的国民军第一军离开北平，移驻西北，总部设在张家口，由此获得了"西北军"这一非正式但大名鼎鼎的称号。1925 年 8 月，冯玉祥又兼任甘肃督军之职。当时，冯玉祥让刘郁芬代行职务，赵登禹随着刘郁芬进入甘肃。此时，赵登禹已升任营长。

1925 年 9 月下旬，赵登禹随国民军第一军第二师万余人马浩浩荡荡从包头出发，向甘肃进军了，士兵们均佩戴着"不扰民，真爱民"的臂章，沿途军纪整肃，秋毫无犯。就在这时，派往兰州的侦探回来报告说，兰州的局势最近发生了突变，李长清旅对黄得贵旅发动了突然袭击，并将黄驱离兰州。李长清为人狡诈，手下党羽甚多，而且他本人武艺非凡，在兰州一带颇有名气。因此，刘郁芬率部队到达甘肃以后，未敢鲁莽行事，而是对李长清以礼相待，待李长清放松警惕以后再一举歼灭。过了一段时间，刘郁芬宴请李长清，奉命对付李长清的正是赵登禹。

李长清到了宴会后，一边喝茶，一边聊天。酒过三巡，刘郁芬借故走开，按照事先安排，赵登禹化装成刘郁芬的传令兵走了进来，他慢慢地走到李长清身边，突然猛扑过去，李长清叫了一声："啊呀，不好啦！"他的双手就已经被赵登禹反扭着，用绳子捆了起来。李长清高大有力，又有武术功底，就拼命挣扎起来。赵登禹见李长清拼命反抗，就给他来了个扫堂腿，把

△ 在北京政变期间，冯玉祥部在滦平召开军事会议时合影。

李长清掀翻在地，然后把一条腿跪在李长清的背上，将他压个结实，另外两名国民军士兵趁势将李长清五花大绑，捆个结实。此时，李长清的随从也都被结结实实地捆了起来。

赵登禹擒俘了兰州"土皇帝"李长清，为甘肃人民除了一害，甘肃问题由此而顺利解决。为此，赵登禹受到刘郁芬总指挥和冯玉祥的奖赏。

冯玉祥发动北京政变，推翻贿选政府后，遭到帝国主义支持的奉系、直系军阀的联合围攻，处境艰难。1926年初，迫于各方的压力，冯玉祥不得不宣布下野，并于3月赴苏联考察。此时，赵登禹已升任刘郁芬部团长，驻防兰州。8月17日，冯玉祥回国，同行的还有共产党员刘伯坚和苏联顾问。次日，他召集所部将领开会，决定成立国民军联军，并出任总司令，参加北伐，同日举行誓师大会，这就是历史上有名的"五原誓师"。后冯玉祥又在中国共产党的帮助下，确定了八字战略方针："固甘，援陕，联晋，图豫。"

五原誓师后，冯玉祥由绥远率军出征陕、甘两省，与直奉军阀部队鏖战中原。此间，赵登禹一直跟随在冯玉祥身边，随他四处征战。

同年10月，为解西安之围，扫灭为直系吴佩孚效命的陕甘地方部队，冯玉祥派孙良诚、马鸿逵、刘汝明为先头部队援陕。赵登禹属于孙良诚部。赵登禹等西征部队日夜兼程，经过艰苦的行军，于1926年底到达西安。全军如猛虎下山直扑敌营，赵登禹团和刘汝明师占咸阳、攻坝桥、绕道王曲、子午镇，北攻雁塔张家村，击溃叛乱部队刘镇华的镇嵩军，成功地解了西安之围。西安解围后，杨虎城称赵登禹和刘汝明为"三秦再造者"。接着他们又分散了出去，追剿溃散的叛军及当地的一些土匪武装。这样冯玉祥在五原誓师后，迅速重新控制了西北地区，势力也得到进一步的扩展。同年底，冯玉祥部被武汉国民政府改编为国民革命军第二集团军，冯玉祥任总司令，所部迅速扩编。

西安解围后一个月，赵登禹又率部队出潼关，参加攻打河南的战斗，转战于焦作、新乡等地，与奉系张作霖部作战。樊钟秀绰号樊老二，绿林出身，但为人颇重信义。曾因救孙中山广州之厄而被授以大将军衔，并从此加入国民革命军队伍，由于南军多是上层正统出身，对樊钟秀相当歧视。樊军自广州一路苦战到河南后，遭受奉军于学忠部围攻，危急中向冯玉祥求救。赵登禹随冯玉祥迅速占领河南。

冯玉祥的战略意图已经实现，军饷也得到新的补充。一有钱，他便想到扩充军队，冯治安改任为第十四军军长，奉命立即折回河南，在信阳驻扎，监视靳云鹗部的行动。靳云鹗久据河南，他自封为"河南保卫军总司令"，是豫境最有实力的地方军阀，他的部队荼毒百姓，无所不用其极。冯玉祥见靳云鹗不可争取，便命令孙良诚部从陇海线南下，赵登禹随即日夜兼程，配合冯治安部南北夹击，向驻郾城的靳部发起猛攻。冯治安率先打响，靳军本来腐败，人民群众恨之入骨，对他的军需供应尽力阻断截取，赵登禹部又从北面突袭，靳军很快瓦解，向郾需一线退去，后在禹县惨败。

1927 年 6 月，年仅 29 岁的赵登禹因多次立战功升任旅长。

1927 年 12 月，按照冯玉祥的部署，已升任旅长的赵登禹随国民革命联军开始攻击湖南境内的直系军阀。

在转战流离中，赵登禹时刻以冯玉祥提出的治军方针要求属下，为贫苦人民着想，救济贫民，得到百姓的拥护。有一次，几个士兵偷吃了老百姓的鸡，赵登禹得知后火冒三丈，下令将这几个士兵找来各打三十军棍，并赔偿了损失。自己的同乡、亲属违反军令，赵登禹也绝不姑息。

在历史的洪流中

(1928-1931)

→ 剿灭"党拐子"

（30 岁）

1928 年初，30 岁的赵登禹荣任国民革命军第二十七师师长，隶属第四方面军宋哲元。

陕西自民国以来一直是军阀混战的局面，冯玉祥自五原誓师后，取道甘肃、陕西，东出潼关，参加北伐战争，而陕西的土著军阀却依旧各自霸占地盘，把持财政，不听冯玉祥的调遣，也不听宣招。1928 年春，北伐战争正在紧张地进行，冯玉祥把宋哲元的五六个师和第十三军第二十师和国民军直属的迫击炮团、炮兵团、坑道营留在陕西境内，他们的任务是肃清陕西各地拒不听命的土著军阀队伍。截止到 1928 年的上半年，宋哲元指挥这些部队，先后攻克了三原、泾阳、富

△ 宋哲元

平、高陵、朝邑、韩城、郃阳、蒲城等城池。这些城池的守军，有的守上 20 天左右就支持不住，即行突围溃窜，有的守到一个多月，看着大势已去，即行缴械投降，唯有守凤翔的党毓昆部队，一直负隅顽抗。

党毓昆，绰号"党拐子"，也是郭坚的旧部。郭坚死后，大部分则由党毓昆代领编为省防军的一个旅，由党毓昆任旅长。自 1917 年到 1928 年，党毓昆一直盘踞在凤翔府，前后达 12 年之久。不论谁来担任陕西省的军政首领，一切军令政令他概不听从，俨然一个独立王国的小土皇帝。党毓昆本人是一个鸦片烟瘾很大的烟鬼，他手下的部队纪律更是极端废弛，杀人越货几无宁日，当地百姓无不恨之入骨。

凤翔自古以来是一座著名城池，是关中西路的重镇，在汉代为右扶风池，唐宋以降直至清末民初，都是一个府治，素有"金宝鸡，银凤翔"之称。城内地势远远高于城外，城墙既高且厚，坚固异常，城壕深宽各在三丈开外。城北有一个叫做"凤凰嘴"的源头，有碗口般粗的一股泉水，长年不息地流入城壕之中。城壕积水既满，乃泄入城东洼地，形成一个湖泊，这是凤翔城外一个叫做"东湖"的名胜区。当地人称凤翔城为"卧牛城"。党毓昆把这座城池当做他的家业，城内的囤粮可供城内驻军和居民食用三年，武器、弹药也十分充足。

1928年初，宋哲元亲自督率所部三个师、一个旅共三万多人，共同围攻凤翔城，自春至夏围攻达半年之久，官兵伤亡约有五千人，却始终未能打开凤翔城。

1928年8月初，第二十七师师长赵登禹接到第四方面军军长宋哲元的命令，限令他三天内把凤翔城攻克，并归张维玺统一指挥。

赵登禹认为，爬城硬攻不仅牺牲太大，而且徒劳无功，于是决计立即采取挖掘坑道从地下进攻的战术。坑道是从"东湖"西北角的"喜雨亭"附近一家民宅内开始挖掘的，那里距离城墙只有二百多米远。先从地面向下挖约四丈多深，再与地平线平行直向城墙底下掘进。坑道的顶部和两壁都用坑木支撑起来，以防塌陷，下面有渗水或稀泥的地方，则用棉花、被褥等铺垫。共花费了近半个月的时间，把这条坑道顺利地挖到城脚之下，并在那里挖就一座约一间房子大小的药室，里面埋藏近四千公斤的炸药，接通电线。8月24日，一切都准备就绪，宋哲元由西安赶来指挥。当天下午，宋哲元和张维玺一同召集所有攻城部队营长以上的各级指挥人员部署总攻事宜。规定在总攻一开始，坑道炸药引爆的时刻，一千五百门的野炮、山炮、迫击炮等都对准城墙垛口或城墙爆破的豁口。8月25日上午10时，总攻开始。宋哲元亲自指挥工兵爆破部队，把电线电钮一按，只见埋设炸药的那一段城墙，像山岳般摇晃摆动了两三次后轰然倒塌，城墙上出现了一个有一二十丈宽的大豁口。在城墙爆破的同时，十五万发炮弹遮天盖地连续不断地向城内集中飞去，五十余万发机关弹从四面八方扫射着城墙和豁口。炮声、枪声、冲锋号声和喊杀之声搅在一起，震耳欲聋。在这种情况下，城内的守军惊慌失措，呆若木鸡，完全陷入瘫痪状态。

攻城部队毫无阻碍地像潮水一般，从城墙

崩开的豁口中涌进城去。赵登禹亲自率领先头部队，冒着弥漫的硝烟冲进城内，与守敌展开了短兵相接。赵登禹挥舞大刀，左劈右砍，吓得惊慌失措的逃兵四处逃窜，跑得慢的变成了刀下鬼。赵登禹指挥敢死队奋力追赶，配合大部队一举全歼土匪武装，攻占凤翔城。零星断续的巷战，不到一个小时即告全部结束。

党毓昆走投无路被击毙，其部队被打死打伤两千人左右，其余五千人全部被生擒。"党拐子"的小老婆——外号"小白鞋"的土匪头子被活捉。"小白鞋"的手段之毒辣比起"党拐子"来有过之无不及。她还带领几千人的土匪武装，自称司令，在礼泉等县横行霸道，抢劫民物，周围老百姓对她无不恨之入骨，此次被活捉，真是大快人心。部队平息匪乱后，打开粮仓，赈济贫民，处决了"小白鞋"等一批惯匪。赵登禹还亲临现场监督，将匪徒们抢来的财物交由原主领回，把被关押的无辜百姓释放，并立即打开土匪的粮食仓库，赈济平民百姓。看到百姓的财物物归原主，母子重逢、夫妻团聚，赵登禹的心里非常高兴。

攻克凤翔的第三天，宋哲元和张维玺商议，要把党毓昆的五千余名俘虏一下子都除掉。张维玺本来不同意，认为这样太残忍、太不人道。宋哲元却说："不这样做不足以起到威吓作用，只有给这些土军阀点厉害看看，他们才能害怕，不敢再战，而我们也可能少死很多人，少费很多事。"于是一场大规模的屠杀开始了。赵登禹也在处决现场，看到那些被杀害的人，骨子里另一种悲天悯人的情怀开始在血液里流动。当屠杀进行到三分之二时，一个年轻人被架了上来，就在他要丧命的一刹那，突然从周围的人群中冲出一个老汉，抱住年轻人，原来这个人是老汉的儿子，本来在家务农，从不为非作歹，半年前被"党拐子"的队伍硬拉去当兵，刚当上兵，凤翔城就被围困起来。老汉请求他们放了儿子，赵登禹深知宋哲元的人情是不容易求得到的，就去求张维玺，说："在这千钧一发的时刻，老汉能救下儿子，证明这个人命不该绝，还是请总指挥饶他一命吧。"张维玺抢先发话："放他们走吧。"赵登禹赶快让老汉带着儿子离开。赵登禹虽然也认为这种做法惨无人道，而且有违"优待已无战力的俘虏"的人道主义准则，但他不敢公然抗拒宋哲元的命令，只好私下里对他的下属说："宋主席的命令谁也不敢不听，如果你们忍心把这些人都杀掉，那就照着命令行事；如果你们愿意积一点儿德的话，那就可以酌量办理。""多少杀几个应付一下，其余的趁着夜深人静，悄悄地把他们都放走，不就得了嘛！但这只是我个人的意见，你们如果愿意照我的意见行事，就必须严守秘密，不能走漏一点儿风声，如果被宋主席知晓，我们谁都会吃不消！"在这种紧急情况下处理的结果是，被分配在这个师中应杀的俘虏，实际上倒霉被杀的老弱残兵不到一百个，而其余一千多个青壮年，都幸运地虎口余生，赵登禹又一次发挥了他的正义感。

张作霖见北伐军节节胜利，便调其精锐部队十个师南下，由张学良、杨宇霆亲自督率，在漳河北岸集结，并沿河筑起防御工事，准备死守，冯玉祥大军同时汇集在漳河南岸，准备伺机猛攻。1929年4月初，激烈的漳河之战打响，赵登禹也参加了这次战斗。奉军拥有飞机、坦克和重炮，弹药供应充足。技术兵种有许多"白俄"的雇佣军参。赵登禹率领的国民军仍然只靠步枪、手榴弹、大刀这些简陋武器，且步枪子弹奇缺。漳河一带，奉军在北岸筑工事成一线配置，互相呼应，很难接近。偶尔有小股突击队冲上北岸，最终也是被敌方包围全歼。主要的对峙带被奉军火力严密封锁，国民军无法冲锋。赵登禹部打得最激烈的时候，有一个营不到半个月的时间里连丧三个营长，其余连、排长牺牲的更是无法计数。彰德大战期间，一些国内外新闻记者去前线采访，有的报道说："战斗最激烈的地方，随便一把土都有弹头。"冯玉祥见漳河北沿阵地久攻不下，又调集刘汝明部队从右路包抄到敌背后突然袭击。奉军此时也疲惫不堪，经前后夹击，终大败溃逃。此时，阎锡山见北伐大功将成，连忙派兵截击奉军，张作霖自知大势已去，只好撤守东北。6月4日张作霖在皇姑屯被日军炸死，张作霖一死，奉军蜂拥出关，北伐军各路云集京郊，阎锡山部捷足先登进了北京。赵登禹所部也奉命进驻通州。奉军留在北京维持秩序的鲍毓麟旅，与阎锡山的部队交接完毕后，便火速离开了北京直达通州，意欲乘火车出关。彰德大战中损失惨重，赵登禹部对奉军恨之入骨，见鲍毓麟旅来到通州，不由分说立即开火截击。后虽然有公使团认为，奉军已和平交出军权，撤退途中赵登禹部不应该予以截击，但赵登禹部已将除上缴部分外的掳获装备分配完毕。部队多年来穷困至极，如今刚获得大量新的补给，当然不会听任公使团的指责，而鲍毓麟本就是败军之将，归心似箭，等不及公使团的裁判就匆匆率领光杆部队狼狈出关而去。奉军撤退，张学良发电表示服从中央，北伐战争胜利结束。

→ 中原大战仗马太行

由于冯玉祥的势力越来越大，慢慢地成为了蒋介石的心头大患。为了削弱冯玉祥的势力，1929年初蒋介石在南京召开了全国编遣会议，以排除异己势力，扩充本派实力，独揽中央大权。冯玉祥等人虽在会上据理力争，但也不得不对所属部队进行缩编。经过缩编，赵登禹改任第二集团军第二十七师第二十八旅旅长。

这次缩编表面上冯玉祥是接受了蒋介石的安排，但心里其实已经开始谋划反蒋事宜。他利用蒋介石强行要将西北军收编为其部队，迫使阎锡山为了自身利益不得不同冯玉祥合作。他隐匿在幕后指挥，让宋哲元领衔原西北军27个将领联名通电讨蒋，并就任

"国民军总司令"，准备兵分八路向豫境推进。在此时冯玉祥发动的这场豫战是不得人心的。北伐之后，全国人民都盼望统一，祈求和平，蒋介石一时取得了社会上层的信任，舆论普遍倾向于他，冯玉祥只能在幕后遥控这场战争，而在前线指挥的宋哲元，无权威可言，如今忽成统帅，自然也是难以服众，再加上河南各县由于连年战祸，人民长期在战争环境中逐渐形成一种剽悍好斗的民风。民间藏枪很多，一些青年常常集结在一起对零散的败后部队趁火打劫，赵登禹部在撤退中多次遭到小股持枪者突袭，对这些非民非匪的人，赵登禹应对起来也十分头痛，所以这场战争在一开始就注定了要失败。豫战之败，拖垮了不少部队，旧部不少团长找到赵登禹哭诉，赵登禹等人除了安慰几句也无可奈何。年底赵登禹的第二十八旅随第二集团军第二十七师撤至兰州。由于地方穷困无力供应，部队生活极为艰难。宋哲元军撤出豫境后，南京政府并未立即向陕西追击。1930 年 3 月，宋哲元等原西北军高级将领在潼关开会，研讨以后出路，会上众将纷纷谴责阎锡山的背信弃义，主张挥师入晋把山西拿过来。此议一起，阎锡山闻讯惊慌失措，立即向冯

049
在历史的洪流中

玉祥表示愿意送上 80 万大洋和部分弹药。4 月 1 日，阎锡山声言将"陈师中原，以救党国"，正式拉开了中原大战的序幕。

冯玉祥回军后，将所属部队匆匆整编，其中赵登禹所在的第四路军由宋哲元任总指挥，担任沿陇海铁路东进的主攻任务。

此时，赵登禹任"中华民国军"第二方面军第四路军第九军第二十五师师长。他和自己的部队一道，多次同蒋介石的嫡系部队作战，给蒋军

▽ 中原大战

以重创，屡立战功。二次入豫，赵登禹所在的部队装备及供应均有所改善。但赵登禹所面对的敌人是陈诚所率的精锐部队，其装备之精良，与冯军判若天渊，一些现代化的武器如飞机、坦克、自动步枪等都是前所未有的。但是，西北军的强大战斗力却不是现代化武器所能震慑的，一经交锋，赵登禹部利用夜战、近战的优势，靠大砍刀、手榴弹，仍能取得节节胜利。之后由西向东推进，洛阳、开封、郑州相继被攻克，蒋军被打得狼狈不堪。到前线指挥的蒋介石，在归德朱集车站，差点被突然攻上来的赵登禹俘获。由于连连失利，蒋军士气低落，蒋介石也作好了退却的准备。

中原大战爆发后，总的形势对蒋介石构成了严重威胁。此时，东北军在张学良的经营下，日趋壮大。对于中原大战的双方，无论张学良倾向哪一方，都会使其稳操胜券。在此背景下，双方都极力笼络张学良，经过多方考虑权衡，张学良决定拥蒋，并驱军入关，据有平津，中原大战就此告终。冯玉祥用一生精力创建的数十万西北军，在中原大战中被彻底摧垮。

中原大战虽然失败了，但赵登禹的部队还剩

几千人，是西北军残部中最完整的部队之一。此时，他也同其他将领一样面临着何去何从的处境。赵登禹虽然知道反蒋已没有取胜的可能，但他不忍心在冯玉祥受伤的心灵上再撒一把盐。当他听说冯玉祥已经北渡，就带领自己的部队跟随宋哲元渡河北上。恰在这时，蒋介石派飞机给他空投委任状，但赵登禹拒绝投蒋。他对部下说："我们做军人的，最要紧的就是忠诚。现在西北军失败了，很多人背叛了冯先生，但我赵登禹不会这样做。"随后，赵登禹等部分西北军残部，退到蒋军尚未控制的晋南一带，听候整编。

赵登禹自 1914 年加入第十六混成旅，到 1930 年西北军失败，追随冯玉祥 16 年。这期间，他埋头苦干，转战南北，由一名警卫成为西北军的高级将领。这里有冯玉祥的大力栽培，但更多的是他努力奋斗的结果。

1930 年 11 月，蒋介石将晋南西北军残部的编遣事宜，交给已任军委会北平分会委员长的张学良全权处置。张学良决定将这支部队编成一个军，纳入其直属的东北军序列。1931 年 1 月 16 日，蒋介石以全国陆海军总司令名义与副总司令张学良联署发表"铣"电，正式任命宋哲元为第三军军长，属东北军序列。冯治安、张自忠等分别任第三十七师和第三十八师师长，赵登禹任第三十七师第一〇九旅旅长。至此，一代劲旅西北军完全消失在中国历史的茫茫烟尘之中。

1931 年 6 月，南京政府重新整顿全国军队，将宋哲元的第三军番号撤去，改为二十九军。

中原大战后，阎锡山虽然表面通电"下野"，实际上仍在幕后指挥山西的军政，为了锁住山西门户，切断山西与河北的自然联系，蒋介石下令将二十九军由晋南调往晋、冀边界的阳泉以南一带，以卡住正太铁路的咽喉。

1931 年夏，二十九军浩浩荡荡移驻晋东，军部及冯治安的三十七师驻扎在山西阳泉。三十七师一〇九旅旅长赵登禹则奉命率部驻扎山西猗氏县（今临猗）、辽县（今左权县）一带，进行休整练兵。

二十九军东移阳泉后，进入稳定发展时期，军长宋哲元也制定了一系列的训练计划。在思想教育方面，他规定中上层军官除了读"四书"以外，宋哲元又指示军人文墨之士，编写了一些小册子，其中的《义勇小史》收录了上至荆轲、聂政，下至岳飞、文天祥等历代英烈的故事，由中层军官中有文化的人向士兵宣讲。宋哲元十分崇拜曾国藩、胡林翼，对二人军事方面的论著极为推崇。平素也将曾、胡奉为楷模，从做人到治军都作为偶像向全军宣扬，作为旅长的赵登禹在思想上也有了更系统、更深刻的了解和领悟。宋哲元还礼聘著名经学专家来讲学，提倡崇儒读经，还举行过一次以《孟子》为主题的学术竞赛，赵登禹也参加了这次竞赛，并获得了第二名。原西北军诸将，多数是行伍出身，文化底子薄，这些人对有文化有知识的人往往不加重视，赵登禹原本也属此类人，但他入伍后勤于学习，特别是他跟随冯玉祥多年，养成了闲暇时读书的习惯，加之他从来不鄙视文化，对知识分子从不排斥，而是以钦羡的态度虚心相待。

在军事训练方面，二十九军继承了老西北军的传统但略有改变。体能训练是军训的基础。宋哲元、赵登禹都一致对体能训练特别重视，而且率先垂范，身体力行。无论是严寒酷暑，还是风霜雨雪，他们都黎明即起，与士兵共同长跑、晨练。开创利用单杠作为体能训练的器械，是西北军的一大创举。赵登禹既是武术名家，也是西北军单杠高手，并创立一种"标准化"的单杠训练制，在全军上下执行，这种标准化管理，把每个官兵的训练成果都置于众目睽睽之下，其精神的激励作用极大。在此期间，全军举办了长途山地野营拉练，官兵全副装备，按照战争状态忽走忽停。冯治安、张自忠、赵登禹等指挥官随军前进，一丝不苟，以此锻炼并检验军人的耐力和应急能力。

战术训练方面，练射击不注重实弹学习，因为子弹十分宝贵，西北军时期的大刀片，在二十九军得到辉煌发展。为了提高军人的技术素质，特邀请当时有名的"铁脚佛"尚云祥为武术教练。尚云祥将刀法加以精选，针对日本人的弱点，创造出一套"无极刀法"。这种刀法，既能当刀劈，又可作剑刺，简单易学，实战性强。尚云祥先传授给像赵登禹等在军中有武术根基的人，然后再由这些人向全军传授，经过一段时间

▽ 大刀是二十九军战士的制式装备

强化训练，全军刀术飞速提高，为以后的沙场拼杀打下坚实基础，而赵登禹此时的刀法也更加精进，劈、砍、撩、扎，鬼神莫测，刀、手、步法，缠绕协调，长穗飞旋如杨叶飞舞，看起来眼花缭乱，脚踏如垒石落地，身轻如鸢飞喋天。有一次赵登禹舞刀到兴致处时，卫兵把桶装满黄豆向他泼洒，只见黄豆如虫四处飞溅，等赵登禹停下刀来，身边方圆七尺，没有一粒豆子，真的是将大刀使得出神入化。

同时，二十九军治军很严。赵登禹有个远房堂弟在自己手下的机枪连任连长，有一次出外招募新兵，逾期未归，违反了军规。赵登禹的母亲知道儿子治军甚严，一定会严惩其弟，便预先代为求情，望能轻罚。赵登禹不为所动，按军法下令责打堂弟40军棍，并宣布革除军职。之后，回到家里，赵登禹再向母亲跪地赔礼，并请医生医治堂弟的棍伤。

经过一系列的训练，二十九军士兵的素质普遍提高，到1932年离晋入察时，二十九军已发展到两万余人，堪称兵精将勇。

大刀扬威喜峰口

(1932—1933)

→ 碧血洗大刀

1931 年九·一八事变激起了全国人民的
抗日怒潮。各地人民纷纷要求抗日，反对国
民党政府的不抵抗主义。在中国共产党的领
导和影响下，东北人民奋起抵抗，开展抗日
游击战争。9 月 20 日，宋哲元率张自忠、冯
治安、赵登禹等部，联署通电，谴责日本当
局"藐视国际公法，蔑视我国主权，污辱民
族……是可忍，孰不可忍！"并鲜明表态："军
人，责在保国，宁为战死鬼，不作亡国奴，
奋斗牺牲，誓雪国耻！"

赵登禹作为一名有血气的中国人，得知
日本侵占东北的消息后，心中气愤无比，觉
得到了该拼一拼的时候了。他下令全旅官兵
加紧训练，并继续按冯玉祥带兵的老办法，

以日寇作为假想敌，苦练实战技术，作好随时上战场的准备。赵登禹亲自给士兵做示范，教士兵们练习大刀的劈杀要领和拼刺刀的技术，鼓励官兵练好基本功。同时赵登禹热情支持一〇九旅的士兵们排练抗日话剧，宣传抗日救国思想，抨击政府当局的不抵抗政策；他还派人请来东北的流亡百姓及学生到军营为官兵作报告，以他们

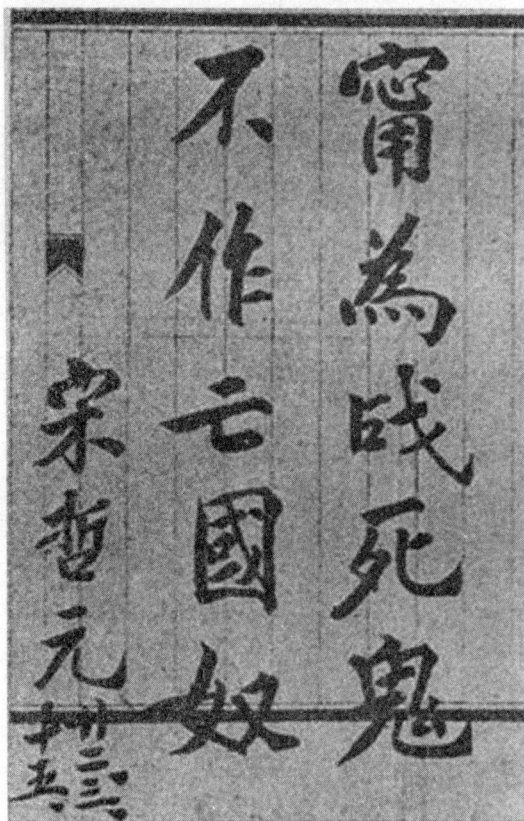

◁ 宋哲元将军在战地之中题字

的亲身经历揭露日本帝国主义残酷屠杀中国人民的罪行。这些活动，大大激发了全旅官兵的抗日热情。军营上下到处呈现出一派厉兵秣马、枕戈待旦的抗日气氛。

九·一八事变后，北方局势越来越紧张，为了防止塞上生变，蒋介石于1932年8月任命宋哲元为察哈尔省主席，宋哲元立即走马上任。

赵登禹的一〇九旅在辽县一带驻扎的两年里，除了不断加强军事、政治训练外，还发扬了老西北军的优良传统，不扰民，真爱民，为当地老百姓做了很多好事。1932年赵登禹离开辽县时，该县各界为其立碑。碑文如下：

中华民国二十年秋九月，我陆军第二十九军三十七师一百零九旅旅长赵公登禹，率部驻辽，一载于兹。纪律严明，训练有方，军民相安，俨如家人，而全旅佐士兵夫能开诚布公，和蔼可亲。况我辽僻处边鄙，肖小环伺，地方赖以安谧者，实我赵旅所赐也。爱戴之余，爰勒石恭颂，藉表铭感云：

唯我赵旅，坐镇辽阳。军纪整肃，诚信慈祥。军威所播，丑虏无魇。惠农恤商，口碑戴扬。师贞之吉，干国之光。泐诸贞珉，用志不忘。

辽县农工商学各界民众同敬言　中华民国二十一年十月

不久，因华北局势需要，张学良把二十九军的大部分调到了北平附近的通县、蓟县一带驻防。一〇九旅随即调到蓟县附近。

1933年1月1日，日本侵略军开始向我国东北通往华北的

△ 二十九军大刀队勇士与中华妇女救济东北同胞协会代表合影

咽喉要道，长城上的重要关口——山海关进攻，炮击临榆县城。中国守军奋勇还击，揭开了长城抗战的大幕。

1月3日，山海关沦陷，日军进一步侵战热河。山海关沦陷，全国震惊，对南京政府的不抵抗政策极为不满，各界民众组织起来请愿、游行，强烈要求派兵抗日。迫于各方面的压力，蒋介石不得不开始派兵长城，抵抗日本侵略兵。

3月4日，日军攻占了承德，承德弃守当天，日军混成第十四旅的米山先遣队就占领了冷口。二十九军奉命赴冷口策应万福麟部作战。在二十九军行进的过程中，万福麟部已败退到喜峰口附近。鉴于敌情变化，华北当局迅速命令二十九军赶赴喜峰口阻敌。冷口防务交商震部接替。宋哲元当即命赵登禹率一〇九旅作为先头部队出发，其余各部跟进。

3月6日，二十九军奉命守卫冷口至马兰峪三百余公里的长城防线，其中包括董家口、喜峰口、罗文峪等要隘。

是日，二十九军中战斗力最强的一〇九旅，由副旅长何基沣率领两营骑兵从冷口转赴喜峰口。赵登禹、何基沣在临行前对士兵进行动员说："国家多难，民族多难! 吾辈受人民养育深恩之军人，当以死报国，笑卧沙场，何惧马革裹尸还? 战死者光荣，偷生者耻辱!"随即日夜兼程七十余里，奔赴喜峰口要隘。

喜峰口，古称卢龙塞，位于河北省迁西县北部燕山山脉的中段，是万里长城的一个重要军事要隘。此地形势险要，自古便是兵家必争之地，也是塞北通往京都的交通要道，这里山屏耸秀，层峦叠嶂，险山深谷，绝壁危崖，构成天然之险。同时喜峰口之西为潘家口，临滦河扼长城，东为铁门关、董家口。也就是说，喜峰口是北平的北大门，如果门户大开，失去屏障，让日寇长驱直入，其后果将不堪设想。因此，二十九军能否守住喜峰口及两侧长城阵地，将直接关系到华北的全局。

何基沣急速赶到喜峰口前沿地带，与二十九军的其他将领一起视察阵地、部署防务。他们决定把先头部队的一个团放在口外约十公里的孟子岭，以确保喜峰口的安全。预定当晚（3月6日）部分队伍到达时，立即接防，让万福麟部尽快地撤入口内休整。何基沣刚从视察地下山就得知，孟子岭上的万福麟部因不敌日军猛烈进攻正从山上溃退下来。傍晚，日军已经迅速占领了口上的高地，居高临下地控制了口门。

7日，二十九军先头部队到达距喜峰口南30公里的三屯营。

为争取主动、消灭入侵之敌，宋哲元做了一系列的部署安排：第一○九旅在旅长赵登禹的带领下从潘家口出发，绕攻敌右侧；第一三三旅出铁门关，绕攻敌左侧；第一一○旅共守阵地，并

△ 背负大刀的二十九军战士

相机出击，以为牵制。二十九军是一支训练有素、英勇善战的军队，官兵一致表示：定当死守。宋哲元军长手谕传示各师："此次作战，死亦光荣，国家存亡，本军存亡，在此一战！"更激发了官兵们誓死杀敌的决心。

8日，宋哲元命令三十七师师长冯治安火速率部赶赴长城接防，冯治安当即命令三十七师一〇九旅旅长赵登禹，以急行军驰援喜峰口，并命令王长海的二一七团为前锋。王长海组成500人的大刀队，率部星夜出发，一夜急行军百余里。行进途中，遇到逃回的东北军，许多败军听说是二十九军赴前迎战，一个个都惊愕道："我们几十万大军都抵挡不了日本兵，凭你们这点儿人马，这种装备，还想守住喜峰口？这不是去送死吗？"王长海不管这些，下令部队全速前进，将部分辎重放在路边派人看守，剩下的人轻装在乱兵丛中穿梭前行。

3月9日上午，日军混成第十四旅一部追击溃退的万福麟部逼迫喜峰口。三天来，日军调集两个师团、两个独立团的兵力，在空军配合下，向古北口以东长城各隘口轮番进攻。

3月9日午后1时，王长海团进抵喜峰口。鉴于日军控制的喜峰口东北长城高地对我守军危害甚大，赵登禹命王长海团向敌进行猛攻，全力夺回该段长城。官兵们攀登峻崖，冒死攻击，经两个多小时肉搏冲锋，终于将该段长城夺回，毙敌百余人。二十九军则因仰攀峻崖，伤亡四百余人。日军失去阵地后，以猛烈炮火集中射击，我守军无法立足，被迫撤退，阵地得而复失。

3月9日下午4时左右，日军趁二十九军接防之际，以两个旅的步骑炮联合先遣部队疯狂直扑喜峰口。傍晚，敌人占领喜峰口高地，居高临下，对赵登禹部十分不利。

　　此时，赵登禹也率大部队赶到了喜峰口，马上加入了激烈的战斗。战斗中，他身先士卒，挥一把大刀，冒着枪林弹雨，带领官兵与日军顽强拼杀，几处高地几经得失，肉搏多达十余次。当晚9时，赵登禹得知日军已占领了喜峰口以东的董家口，感到战局愈发不利。他一面派二一七团团副胡重鲁率步兵一连，驰往潘家口以东地区布防警戒，以防日军抄袭我守军后方；一面致电后方请求支援。在形势异常危急的情况下，军长宋哲元命第三十七师一一○旅和张自忠的三十八师一一三旅，分左右两翼火速增援喜峰口。

　　赵登禹作战历来积极主动，从不甘死守阵地，被动挨打。面对敌人的进攻，赵登禹认真分析了战场的形势，认为与敌人硬打硬拼，对我方不利。于是他便指挥部队，实行机动灵活的夜战、近战，采取迂回包围袭击的战术，出其不意地打击敌人。

　　当晚午夜时分，他命令仝瑾莹团王昆山营长

率领第一营，该团团副孙儒鑫率领第二营，分两路向白台子、蔡家峪之敌后方袭击；并令王长海团固守正面阵地，伺机而动。两路士兵手持大刀，轻装出发。仝瑾莹团第一营营长王昆山率本营出铁门关以西的石梯子长城缺口，经白枣林向白台子的日军炮兵基地偷袭；孙儒鑫率第二营出潘家口，经蓝旗地渡河，向蔡家峪敌营进攻。王昆山营依靠猎户作向导，沿崎岖小路悄悄来到了白台子，呐喊一声，冲进敌人营房。日寇自热河战

抗日救国，军人天职。养兵千日，报国时至。只有不怕牺牲，才能救亡。今夜我们绕至敌后，与日军拼个你死我活……

——赵登禹

◁ 赵登禹于1933年3月在喜峰口作战时，亲临前线督战，腿部受伤后仍坚持指挥，不下火线。在激战中对营以上军官进行上述训话。

以来，一路未遇顽强抵抗，因此夜间脱衣大睡，等从懵懂中醒来，一时东西不分，还以为是天降神兵。二十九军官兵挥动大刀，遇敌便砍，敌军黑夜之间无暇组织阵形，重武器又不能发挥作用，自乱了阵脚，糊里糊涂地做了刀下鬼。与此同时，孙儒鑫团副所率的二营也顺利攻占蔡家峪，随即向狼洞子、黑山嘴方向的敌营进攻。大刀过处，敌人血溅肉飞，一时两路战场喊杀声交相呼应，如山崩地裂。此役杀敌五百余人，夺获机枪十余挺，两营官兵返回防地后，全军振臂欢呼，士气大振。赵登禹将此役战果报告给师长冯治安，冯治安大喜，觉得找到了战胜日寇的一条可行之路。

日军不甘心遭此痛击。3月10日拂晓，日军以猛烈炮火掩护三千余名步兵，疯狂组织反扑，以其第十四旅团的主力部队增援喜峰口，由董家口、铁门关等处发起进攻。虽然二十九军的战士们都很勇敢，决心固守阵地，给敌人有力回击，但因为敌我双方力量悬殊，日军炮火猛烈，接连不断，而中国军队武器落后，弹药不足，在敌人的强攻下，二十九军伤亡很大，阵地上有些吃不住劲了。就在这紧急关头，赵登禹亲率特务营及时赶到。他持刀督战，并亲率特务营向老婆山一带增援，向日军猛烈反击。赵登禹机智谋划，以提高对敌杀伤力和节约弹药为原则，充分发挥中国军队的潜在优势，等日军比较靠近阵地时再展开出击。当敌人靠得更近时，赵登禹挥动大刀，率队冲向前去，将敌堵住，扑上去展开格斗肉搏，其余两个旅向两翼

△ 二十九军在喜峰口抗击日军

增援，配合行动。二十九军壮士立即给日军以狠狠的打击，阵地上横尸累累。当赵登禹率部向敌人勇猛冲杀的时候，腿部负伤。大家劝他退下来，他说："抗日救国，军人天职。养兵千日，报国时至！"他忍着伤痛，咬紧牙关，坚持激战了一天。官兵士气为之大振，与敌死拼。此战，由于赵登禹指挥得当，敌人的猛烈攻势终于被压了下去，中国军队阵地转危为安。

　　3月10日，日军抵达喜峰口镇之南。此时，万福麟部尚未全部撤进口里，而日军的装甲车队及骑兵五百余人已抵达口外，并开始炮击。日军的攻势猛烈，重炮轰击喜峰口阵地。在日军强大的火力攻击下，几个高地得而复失，敌人占领了口上高地，居高临下地控制口门。危急时刻，一一〇旅和一一三旅官兵一夜奔跑百余里，奇迹般地出现在喜峰口前线，我守军士气大振，夺回口上高地。

10日傍晚，敌人又以密集炮火攻击我守军高地。此时，王长海团投入战斗。天已黑，双方在山上山下反复冲杀，一片混乱。夜间，赵登禹率部跑步赶到，由喜峰口两侧与敌夺取高地，才把敌人压下去。

3月10日一整天，战斗没有间断。喜峰口附近的几处高地都在激战，来回拉锯，反复争夺，势均力敌。二十九军官兵以顽强的意志坚持战斗，一次次打退了敌人的疯狂进攻，长城各要隘得以无虞。

在北方诸军中，二十九军是装备最差的一支队伍。然而，就是这样一支武器简陋、物资奇缺的军队，竟然义无反顾地迎敌而上，与装备精良、气焰嚣张的日军进行殊死肉搏。长城抗战，从一开始就注定了其悲壮的性质。

此时赵登禹站在长城上，向前后望去。后面是刚刚厮杀过的战场，尸首横陈。向前望去，是缓缓的山坡，敌人陈兵山脚下，在火力射程范围以外。再看手下的士兵，受伤的在咬紧牙关裹伤，没受伤的也因经过连夜激战而疲惫不堪。虽然士气依然旺盛，但已经不起凌晨以后必然发生的恶战。事实证明，赵登禹的担心是不无道理的，刚才进攻的只是敌人的先头部队，其大部队还在后面。

→ 喜峰口大捷

★★★★★
（35 岁）

　　火线上，赵登禹被任命为"喜峰口方面作战军前敌总指挥"，王治邦为副指挥，统一指挥一〇九、一一〇、一一三旅。并奉命："设法将占领喜峰口长城高地之敌猛力驱逐，倘以山岭难攀，可另派队相机绕袭敌之后方，一举歼灭之。"

三十七师师长冯治安在电话中，以沉重的语气对赵登禹说："老弟，千斤担子压在你一人肩上，敌人装备上胜过我们，我们只有在精神上压倒他！"

赵登禹素有虎将之称，新膺重任，心情十分激动，连呼："大哥放心，有我赵登禹在，就有喜峰口在！"

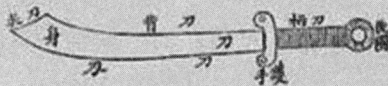

△ 大刀图谱

3月11日早晨7点，日军再次用猛烈的炮火轰击喜峰口各阵地。上午10时后，日军开始把炮火移向口上西侧的高地，随即在猛烈炮火的掩护下，日军的步兵向高地冲锋，中国军队勇猛还击，一次又一次打退步兵的进攻。激战延续到下午3时许，中国军队因伤亡过重而不得不后撤，高地为日军所占据。

　　赵登禹认为，让日军占领西侧高地，势必会使中国军队的全部阵地处于不利形势，在这千钧一发的时刻，他果断地下令："立即组织还击，迅速夺回高地！"

　　下午4时，反击开始。他们速战速决，仅用1个小时，就已登上西侧高地，在那里与日军展开生死搏斗。官兵们个个如猛虎，手中的大刀大显神威，砍杀日军数百人。武功高强的赵登禹亦挥刀杀入敌阵，左砍右杀，如入无人之境，日军望之丧胆。

　　经一天鏖战，歼敌五百余人，我守军伤亡三百余人，日军余部狼狈逃走，西侧高地很快被我军夺回。

　　赵登禹部占领了长城的山棱线上，敌人退到北坡之下，战事略微平静。

经过两天多连续不断的混战，敌我双方均伤亡惨重，阵地上尸体横陈，血流成河。宋哲元、张自忠、冯治安等深感如此单拼消耗，不是长久之计，决定于 11 日夜对敌人施行大规模的夜袭，并命赵登禹组织实施。

此计正合赵登禹之意。他在战前的动员会议上指出："我们的军队装备太差，火力弱，有兵无枪，有枪缺弹，只是每人大刀一把，手榴弹六枚，现在我们仅仅与强敌对战两日夜，就被敌机轰炸损失掉两个团的精华，我全军共有十个团，照此下去，只能与敌对战十日。我决心绕道攻击喜峰口敌人的后方，痛痛快快地与敌人拼个你死我活，叫他们知道我中华民族还有宁死不屈的勇敢部队！"

会后，赵登禹又对具体部署做了详细的安排：三个旅分三路出击。王治邦旅接防正面，在其他两个旅得手时，随时出击。赵登禹和佟泽光两个旅抽出来分成两路包抄敌人。赵登禹这一路又分成两部分的兵力，一个团由王长海率领，经蔡家峪向日军后方攻击。赵登禹亲自率董升堂这个团，经北仗子侧击日军。其任务是从左翼出潘家口绕到日军的右侧攻击喜峰口西侧高山上的敌军阵地。佟泽光这一路也是率两个团的兵力，从右翼经铁门关出董家口，绕到日军的左侧攻打喜峰口东侧高山的敌方阵地。总的作战原则是：以歼敌为主，获战利品为其次。只准用大刀和手榴弹，非不得已，不准用步枪或机枪射击。

一场近代史上空前壮烈的奇袭战，就此拉开序幕。

3月12日晚11时，皓月当空，风清夜静。喜峰口外，白雪皑皑。

11时许，两千多名大刀

△ 负伤后的赵登禹

队员身背寒光闪闪的大刀，踏着冰雪，迎着寒风开始急行军。周围一片寂静，唯有沙沙的脚步声。为避免惊动敌人，部队走的都是樵夫打柴的羊肠小道，这些盘山小路都很曲折陡峭，战士们要披荆斩棘，翻山越岭。赵登禹虽然腿部受伤，却拄杖走在队伍前面。官兵们寂寂无声地疾进，内心却热血沸腾，士气如虹。

午夜，赵登禹的队伍集结于潘家口，开始分路出击。赵登禹率领的董升堂团，出潘家口约行数里，即达喜峰口附近三家子，这便是日军骑兵的宿营地。敌兵还在鼾睡之中，四周一片寂静，唯有马匹成群遍布营区。战士们冲入营房，杀声震天，大刀挥动，敌人的人头应声落地。其他日军从酣睡中惊醒，蒙眬中看到明晃晃的大刀直砍过来，顿时魂飞魄散，不知所措。许多敌人尚未清醒，便已身首异处，有的则衣衫零乱、抱头鼠窜。大刀队挥刀追杀，一个也不放过。

当随第一营跟进的第三营预备队行进到横城子时，被敌人发觉，遂鸣枪报警。赵登禹急令大刀队员向横城子之敌强袭。大刀队员们个个威武勇猛，他们挥舞大刀，奋勇突击，杀敌无数。次日凌晨1时，赵登禹部由樵夫带路，向盘踞在蔡家峪、白台子的敌炮兵阵地发起猛攻。日军认为中国守军不敢以数千之众，深入其腹地偷袭，故而防备很松，王长海团直至逼近营区，大喊一声，挥刀冲入营地，迅即将敌护卫炮兵的外围部队消灭，然后杀入敌炮兵阵地，以手榴弹、炸药包将敌山炮、铁甲车炸毁。拂晓时，老婆山的日军发现背后受敌，转过枪口向我守军高地扫射，我守军一面反击，一面继续摧毁敌人的装备。赵登禹见天光大亮，我守军已明显暴露，不宜久战，遂命部队抓紧战机，焚毁敌人接应车弹药纵列。一时火光四起，浓烟遮日，18门敌炮都被毁，并缴获机枪20余挺及作战地图等物品，敌人的装甲车亦被我守军破坏。在夜袭的同时，赵登禹事先安排特务营带领一部分队伍，从右翼绕到日军后方，截断凌源通往喜峰口的交通要道，在那里伺机阻截溃败后撤的日军。

12日，驻喜峰口外老婆山的日军赶来增援。老婆山位于长城内侧，是喜峰口镇东北最高点。日军占领此山后，配置强大的火力居高临下俯射，而通往山上的均是崎岖小路，无险可凭。赵登禹所率精兵，抱着必死的精神冒着枪林弹雨仰攻，伤亡惨重。自晨至暮，二十九军冲锋数十次，均未成功。在多次冲锋的间隙中，二十九军将士们带着满身血污，抱刀在山凹处休息。因交通被敌火力封锁，汤饭不能送上来，加上棉衣破损，长城高寒，朔风沁入肌骨，战士们饥寒困乏，蜷缩倒卧，形同饿殍。但一闻战令，翻身跃起，大呼而进。

在赵登禹出击的同时，佟泽光旅长率部出潘

家口由东翼突袭白台子之敌，因兵力薄弱，虽激战四小时，毙敌四百余人，但终未能与西翼的赵登禹部会合。配合两翼的正面部队，听枪声一起，即派出两连步兵佯攻喜峰口西北高地，虽然牵制了敌军，但两连的战士几乎全部牺牲。

这场奇袭战，我守军虽然付出了伤亡一千余人的惨重代价，但给日寇的打击还是十分沉重的，自敌炮兵司令官以下约三千人被消灭，并击死敌大佐级指挥官一名。由于绝大部分敌人是被大刀砍死的，阵地上到处是支离破碎的尸体。日军大批军用物资被我守军焚毁或缴获。

13日上午，日军企图报复，又一次向中国军队阵地发动大规模的进攻，用十多架飞机向我守军阵地狂轰滥炸。中午，有一千多名日军在重炮的支援下，向喜峰口右侧阵地发动全面攻势。二十九军官兵坚决迎击，派出一个营的兵力由左翼包抄日军，巧妙地挫败了日军的这一次攻击。日军不甘心就样败下阵来，下午4时，又转攻喜峰口左侧阵地，同样被英勇的二十九军将其击退。喜峰口高地上二十九军的战旗高高飘扬。

前线总指挥赵登禹冷静分析整个战局与形势，认为不能因暂时获得一些胜利而满足，要连续作战，趁敌不备，再次全线出击。

13日下午，日军再攻喜峰口未能得逞，渐次后撤到遵化以北25公里的半壁山。3月14日，宋哲元部收复老婆山。日军在喜峰口屡遭败绩，士气馁丧，遂于15日以后，将战事重心转向罗文峪。但他们在罗文峪也遭到二十九军的沉重打击，损兵折将未能前进半步。此后，日军在喜峰口又数次发起攻势，皆惨败而归。

总计，二十九军在长城前线与日军血战一个多月，歼敌六千余人。至此，日寇不得不承认，喜峰口战斗"丧尽了皇军名誉"，遭受了"明治建军以来六十年未有之大耻"。

喜峰口大捷，振奋了全国人心，沉重打击了日军的嚣张气焰，大长了中国人的志气。天津《大公报》称喜峰口抗战"竟能使骄妄气盛之日军受偌大打击，此诚足为中国军人吐气"。

自此，二十九军声威大震，赵登禹亦英名远播。这一年，一〇九旅扩编为一三二师，赵登禹因战功卓著，晋升为一三二师师长，并获青天白日勋章。喜峰口大捷后，赵登禹曾写道："肢体受伤，是小纪念，战死沙场，才是大纪念。"道出了他誓死捍卫国土、抵抗侵略的气概和决心。

△ 坚守喜峰口的野炮队向袭来之日军轰击

　　二十九军大刀队的抗日捷报不断从前线传回，鼓舞着所有的中国人，在上海从事抗日运动的麦新，在二十九军大刀队英勇精神的激发下，写出了那首日后传唱大江南北的优秀抗战歌曲《大刀进行曲》。不久"大刀向鬼子们的头上砍去"的雄壮歌声很快在全国唱开，它鼓舞着全国军民去争取抗日战争的最后胜利。

　　长城抗战的第二年春，二十九军编纂成一部《华北（长城）抗日实纪》，详细记叙了此役经过，下面是赵登禹当时所作的《抗日战史序》：

　　窃为本军以革命立场，安内攘外，视为天职。

故连年转战，碧血遍洒，原期促成国家统一，结束军事，实现民治，为党国开一新纪元。讵意安内未竟成功，而攘外又拜使命。自去春奉调抗日，于三月初首先与敌接触，凡大小数十战，历时两有余，其间迭克要隘，屡挫敌峰，虽胜不得为武。唯喜峰口一役，留深刻之印象，遗无限之感想。当其时陈师喜峰，适当要冲，以一旅之众，与数万穷凶猛悍之强寇相周旋，且在敌人炮火烟幕猛烈压迫之下，处悬崖峭壁进退维谷之中，幸仰托主席德威，下赖军士用命，竟袭出敌后，拊背兜击，冲破敌之坚锐，白刃肉搏，浴血苦战，卒能以少制胜，斩敌数千，俘获甚众。暴日自经痛创，不敢轻举来犯者匝月。兵家所谓置之死地而后生者此也。综计斯役，我军将士为国殉难者亦有千余人，固为本军极光荣之历史，亦要本军最惨痛之一页。迄今或尸弃战地，或骨暴沙场，凄风苦雨，如闻悲哀泣诉之声，衰草寒烟，时动凄怆惨痛之感！登禹痛念之余，疚心隐泣，寝食难安。现值编辑抗日经过，付梓成书，以垂永远，而资纪念。爰缀数言，聊序颠末云尔。赵登禹谨序。

戍守冀察

(1934--1935)

→ 驻军张家口

★★★★★

（36岁）

　　长城抗战给骄横的日本侵略者以沉重打击。由于国民党政府坚持"攘外必先安内"的政策，长城守军得不到有力的支援，遵照国民党中央的指示，二十九军这个惯于"刺激日军感情的武力团体"不得不于6月份撤出长城阵地。宋哲元在下达撤退令的同时，特地为文昭告全军："……我以30万之大军，不能抗拒5万之敌人，真是奇耻大辱。现状到此地步，我们对于时局有何言？所可告者，仍本一往之精神，拼命到底而已！"

　　赵登禹历经十几年的戎马生涯，看到国家领土沦丧，心中感到十分痛苦、沮丧、空虚，他有许多问题想不通，但他毕竟是个军人，服从命令是他的天职，纵有万般无奈，也只能领兵撤出他和弟兄们浴血奋战的长城关口。

1933年8月，二十九军调回察哈尔省。赵登禹因在长城抗战中立下了大功，被提升为一三二师师长。宋哲元重回察哈尔，察省人民及各界都对二十九军表示了热烈的欢迎。为了纪念长城抗战的死难烈士，也为了扩大二十九军长城之役的辉煌影响，宋哲元重归后不久，在张家口举行了一次隆重的追悼抗日英烈大会。地方各界以及从全国征集的挽幛如雪花般飞集而来，使会场成为银装素裹的世界。

1933年5月31日，丧权辱国的华北停战协定在塘沽签订，《塘沽协定》实质上承认了长城是中日两国的国界。日本欲变华北为第二个伪满洲国，加紧进行经济、军事侵略，不断制造事端，压迫南京继续出卖主权。不久，日本又把侵略的目标指向察哈尔、绥远。日本特务频繁到察哈尔活动，掌控情报，勘察地形，制造事端。同时指使蒙古伪军李守信部进犯察东。

回防后，赵登禹率领一三二师驻守张北地区。刚到达张北县，赵登禹即令二一七团向独石口、沽源进军，驱逐伪蒙李守信和日军的骑兵部队，激战一日歼敌百余人，缴获无线电台一个及枪弹万余发，敌人狼狈逃窜多伦。我军驻守该地，日本驻张家口领事向二十九军要求交还两名受伤报务员，我军在清理战场时，并未发现日报务员，但日本领事却坚决要求我军到张家口去对质。赵登禹气愤地回答："双方都有伤亡，有何质可对。"不久后，在多伦敌军医院发现这两名日报务员，日军无话可说。

长城之役后，国民党为了从政治上控制宋哲元，向二十九军派驻了政工人员。政训队成员多是舞文弄墨的知识分子，二十九军一般军官都是行伍出身，对这些只会满街张贴标语的行为很反感，而政工人员也认为二十九军是四肢发达、头脑简单的武夫，这其中也包括赵登禹，说他"略输文采"，但赵登禹却毫不在意。在驻守张北县时，有一次打猎，在殿布青山猎获两只火狐，赵登禹并未按塞北习俗取狐皮制皮帽，而是派副官送交北平万牲园（今北京动物园）。为此他亲笔致函：

敬启者，敝师驻防塞北，有名殿布青山者，日前偶在该山得获火狐两只，因敝师不便饲养，恐日久伤其生命，殊为可惜，素谂贵园万牲罗列，以供游人观瞻，兹特派副官单永安，携往送上，即请查收为荷，此致万牲园。

师长赵登禹拜启 七·六

该信措辞严谨，表达清晰明了，笔锋有力，很难让人相信这是一个只上过两年私塾的人所写，为害之虎要打而狐不可伤，雄强和柔和是如此完美地统一在赵登禹身上。

南京政府虽然批准赵登禹成为一三二师长，

却只准成立师部，不准部队扩充，由此可见，当时南京政府对抗日救国重视的程度。虽然军费有了保障，但财政仍然拮据，士兵生活标准很低，仅够个人起码的生活所需。尽管军营生活很苦，但由于全军保持了老西北军同甘共苦的传统，士兵情绪稳定。

日寇为了最终侵吞华北，利用已侵占的热河当跳板，向察东开始蚕食。1934 年春，日寇即派出测量队，详细测绘长城各隘口的地形，同时，又利用收买的汉奸在热、察边境频频制造骚乱，但都被二十九军坚决击退。

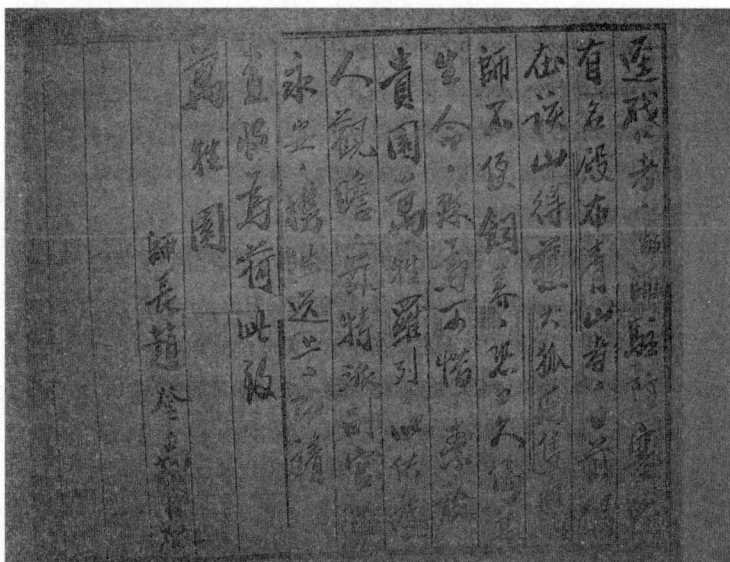

△ 赵登禹致北平万牲园的函

→ 两次"张北事件"

★★★★★

（37岁）

1935年1月，日军开始向多伦转移兵力。18日，日本关东军发表文告，宣称"断然扫荡宋哲元军"。二十九军对此秣马厉兵，枕戈待旦。22日，日寇以近两千人的兵力向龙门所附近之东栅子阵地展开全面攻击，飞机、重炮轮番轰炸。由于中国守军居高临下占尽地利，且官兵早蓄积一腔怒火，日军连续冲锋，均以失败告终，激战三日，日军死伤七百余人，始终未能得逞。骄横成性的日寇见中国守军阵地岿然不动，狂怒之下，又调集部队及伪军共两千人，向察北沽源推进，摆出大举进犯之势，一时局势迅速恶化。宋哲元一面命张自忠、赵登禹等积极备战，一面向北平何应钦报告，何应钦急命克制，勿扩大事态，同时与日方交涉，决定双方在大滩和平会商。由于此次侵犯东栅子并非日军大本营的命令，只是前方部队私自行动，双方很快达成协议，以日方将长梁等处政权归还我国为了结。

4月3日，赵登禹被授予中将军衔。

二十九军调回察哈尔后，经过宋哲元等人的苦心经营，兵力发展到六万左右，下面

△ 赵登禹将军

有正规军四个师，装备也大有改进。军长宋哲元，副军长佟麟阁、秦德纯，参议长肖振瀛，三十七师师长冯治安，三十八师师长张自忠，一三二师师长赵登禹，一四三师师长刘汝明，这些人尤其是佟麟阁、张自忠、赵登禹日后都成为了抗日的著名将领。

日本人不甘坐视二十九军不断壮大，他们不断在各地滋事，甚至闹到首府张家口。宋哲元为了息事宁人，总以"下不为例"解决。但日本却以此为例，不断扩大事端。

1934年10月，日本天津驻屯军（即华北驻屯军，根据《辛丑条约》，日本人在华北有驻兵权，因司令部设在天津，因此也叫天津驻屯军）参谋川口清健等人由张家口去多伦。途中路经张北县时，我城防守卫要求查看他们的证件，遭到拒绝。守卫战士当即将他们带到一三二师司令部。由赵登禹等人进行查讯，同样遭到他们的蛮横拒绝。为使其就范，赵登禹从特务营中挑选高大健壮的一百名士兵，持着步枪安上刺刀，十人一班，五分钟一换，轮流向日寇头上约一寸远刺去，让日寇知道中国军队不可辱。在雪亮的刺刀面前，日寇胆战心惊，跪地求饶，赔礼道歉，并保证不再无视我军。日寇获得释放后回到张家口。张家口领事桥本以赵登禹部卫兵侮辱日本外交官、军官为由，向宋哲元提出抗议。宋哲元为息事宁人，令赵登禹向日方道歉，并将执行检查的连长免职。日本仍不罢休，驻张家口特务机关长松井源太郎趁机要求中国军队退到长城以内。宋哲元以此事应与中央政府交涉，遂成悬案。这就是第一次"张北事件"。

三个月后，即1935年1月，察哈尔沽源县与伪满洲丰宁县因县界界务发生冲突。《塘沽协定》签订后，日军久欲将察哈尔长城以北的土地，仿照协定办法，划作非武装区。中方答复守土有责，不能照办。日方又指长城以北土地属于热河，其驻热河日军遂与二十九军发生冲突。

1935年5月31日，驻阿巴噶旗（距多伦40公里）的日本特务机关官员大月桂、大井久、山本亲信等四人乘汽车自多伦经张北赴张家口。6月6日，日本关东军驻内蒙古阿巴嘎旗特务机关山本亲信等四人，由多伦潜入察哈尔境内偷绘地图，行至张北县北门，不服赵登禹一三二师守卫官兵检查。日本人强词夺理说，1934年10月第一次"张北事件"以后，宋哲元已允许日本人不要护照，遂强行要通过。赵登禹部卫兵出刀拦阻，排长立即将四人送师部军法处拘留，八小时后放行。当时，军法处一面用电话请示张家口，电话又由张家口转向北平（宋哲元在北平），宋哲元令姑且放行，下不为

△ 1933年5月31日，在塘沽举行的华北停战会议（中方代表右起：徐燕谋、钱宗泽、熊斌、李择一），日方代表左三为冈村宁次。

例。事后，日本领事桥本和察哈尔特务机关长松井源之助以日本人被辱为由要挟宋哲元，并派飞机在北平上空示威，提出了向日本人道歉，撤销一三二师参谋长的职务，惩办一三二师军法处长等无理要求。南京政府又一次屈服于日方压力，于6月19日免去宋哲元察哈尔省政府委员兼主席职务，任命秦德纯代理察哈尔省主席。

　　两次"张北事件"都是由于日方的无理取闹造成的，一三二师只不过是履行应尽职责。南京政府为求得与日本苟安，出卖原则，指派察哈尔代理主席秦德纯在北平与关东军代表土肥原谈判。6月27日，双方正式签订《秦土协定》，内容包括将驻于昌平和延庆一线以东，并经独石口，沿长城至张家口、张北一线以北宋哲元部队全部撤退；解散反日机构；对日方表示道歉并处罚二十九军方面有关负责人等。根据《秦土协定》，二十九军从察哈尔东部及北部地区撤出。

→ 移师北平

　　宋哲元的离去，无疑给二十九军的前途蒙上一层浓重的阴影。尽管它内部坚如磐石，但毕竟要听命于南京的安排，今后将何去何从，也是个未知数。何应钦原本的打算是将二十九军调去江西打红军，免得在华北给他"添乱"，这样即可以继续维持中日关系，又可以把二十九军纳入中央军的监视范围，防止它在边陲拥兵自重。

　　宋哲元虽然离开了察哈尔，离开了他的二十九军，但他怎能甘心自己一手建立起来的二十九军交由他人。此时，日本为了侵吞华北，正急于在华北寻找其代理人。宋哲元认为这是一个机会，遂故作向日方倾斜的姿态，借以威慑蒋介石。消息传到南京后，蒋介石感到非常震惊，为了避免将宋哲元逼上梁山，他放弃了何应钦准备调二十九军去剿共的计划。同时为了安抚宋哲元，8月28日任命宋哲元为平津卫戍司令，同时任命秦德纯为察哈尔省主席。9月21日，宋哲元到北平就职。赵登禹的一三二师也就随军调至北平地区。二十九军爱国官兵目睹国土沦丧，蒋介石政府对日本妥协投降的一幕

△ 何应钦

幕丑剧，义愤填膺，喊出了发自肺腑的"雪耻报国"的共同心声。一三二师调到北平方面后驻在南苑，由于宋哲元对日态度暧昧，南苑机场被日军接收。这里设有军械库，库内有日本飞机，有日军一个排驻守，一三二师二一七团驻十四营房，一营负责监视军械库。日军飞扬跋扈，经常制造纠纷，不准我方军民从机场附近通过，无理凌辱我方军民。一营官兵极为不平，营长耿德星遂派一连包围机库，迫使日守军排长向我方道歉，保证不再发生无理阻挡我方军民通过的事件。

11月9日，日本驻北平特务机关秘密逮捕了原二十九军政训处长宣介溪。原来，执照《何梅协定》的有关条款，华北各中国军队不得设置政训机构，冀察境内的国民党组织一律撤出。宣介溪当时已处于"地下"状态，但仍被日本特务侦悉。赵登禹知道后非常气愤，马上找到冯治安和刘汝明，赵登禹说："日本鬼子竟敢擅自找我们的高级军官，蛮横无理，简直太不把我们中国军队放在眼里了，我们不能示弱罢休。"三人商议后决定把担任华北地区在中、日双方来往传话、交涉办事的陈某叫来，问明白再说。不久陈某来了，他说："日本人说宣介溪是中央派来的，给中央打报告……"赵登禹立刻反驳道："他是中央派的，我们哪个不是中央派的？他向中央打报告，我们哪个不是向中央打报告？他们太欺负我们中国人了，你去告诉他们：限他们两个小时以内把人送回，超过时间，我们就带军队自己去把人带回来。"说完，就和冯治安都拿起电话，一个要他的参谋长听电话，一个要他的副师长。命令他们在平、津两地的部队，在两个小时内，完成作战准备，待命行动。陈某一听脸色都变了，马上赶去日本人那里汇报。

宋哲元获悉此事后也非常震惊，为了不使蒋介石误会他真的在与日方勾结，他立即以最后通牒方式，同时向平、津两地日驻军首脑提出强硬交涉，限令下午6时前必须释放，否则将采取报复措施，不惜武力解决。同时命令，冯治安、赵登禹一旦日军拒绝放人，就让枪杆子说话。他们二人立即调兵遣将，摆出严阵以待的架势，北平一时笼罩着一片杀气。日军未料到中国军队会有如此大的反应，也没想到二十九军竟有如此胆略，而且此事日方理亏，便立即知趣地将宣介溪释放。

11月12日，土肥原二次会见宋哲元，提出"华北高度自治方案"，其实就是想建立第二个伪满洲国，宋哲元深知"自治"就是叛国，因此总是借故拖延。日方见分离华北计划迟迟没有进展，便转而利用汉奸殷汝耕。11月25日，殷汝耕通电声称"脱离中央，宣布冀东自治"。翌日，蒋介石为控制华北局势，撤销了北平军事委员会分会，特任宋哲元为"冀察绥靖主任"，并责令宋哲元拿办殷汝耕。然而，蒋介石对宋哲元还是不放心，为了控制华北，特任何应钦为行政院驻北平办事处长官。宋哲元当然明白蒋介石的用意，故意借病回避，使何应钦政务上见不到僚属，军事上抓不住军队，成为真正的孤家寡人。蒋介石见事已至此，遂大度地批准成立了"冀察政务委员会"，该委员会成员共 16 人，宋哲元任委员长，土肥原为最高顾问。冀察政务委员会刚一出台，全国上下一片谴责之声。12 月 9 日，北平各大学学生上万人走出校园，举行声势浩大的游行示威。冯治安、赵登禹等下令卫戍的军队，不许使用武器，不许杀一人。游行的队伍走到西单时，二十九军的大刀像密林般高高擎起，在冬日的照耀下熠熠闪光，游行队伍在大刀丛中平安穿过。这次事件又一次展示出了赵登禹爱国、爱民的精神，他以这种"沉默"的方式表达了对当局的不满，作为一个单纯的军人，赵登禹血液里涌动着对日寇的刻骨仇恨。

日本扶植起冀察政权后，原本希望这个政权快速成为傀儡，走上"华北自治"进而与"满洲国"联为一体。为了有效控制冀察政权，日本特务机关对宋哲元集团的核心人物一直密切关注着，他们把这些核心人物分成三派："和日派"主要是萧振瀛，"中央抗日派"主要是秦德纯，另一派最为日本人头疼，这就是所谓的"顽固抗日派"其中就包括赵登禹、冯治安、刘汝明这些实际带兵的将军。刘汝明的一四三师驻察哈尔；赵登禹的一三二师驻冀中；冯治安的三十七师驻北平。冀察政权的出现，改变了宋哲元的命运，把他推上个人军政生涯的顶峰，也把二十九军推上兵强马壮的顶峰。赵登禹可以说是二十九军上层中简朴的代表：他家里本来就不富裕，他当兵之后，也常把攒下的钱寄回家去。自从他当了师长，家里生活虽然好了一点儿，但仍算不上富裕。因为他不贪财，所得的收入，除了他的开支以外，所余不多。作为一个高级长官，犹能保持这种本色，实在难得。

赵登禹作为一个军人，有他独特的观察外部世界的角度，他始终保持对日本侵略者的高度警惕，他的军人责任心从未失落。

浴血南苑

(1936—1937)

→ 黑云压城变端四起

★★★★★

（38岁）

　　随着日本侵华野心的日益膨胀，驻屯军人数不断增加，其最高指挥官的级次也不断升格，直至达到中将级。驻军除步兵外，还有炮兵联队、骑兵大队、机械化大队、化学战大队等兵种，总兵力近两万人。数以万计而又装备精良的日本正规军，和二十九军同处在一个辖区，自然对二十九军构成巨大威胁，而日军也把英勇善战的二十九军当成眼中钉、肉中刺。

　　日本在华驻屯军自称其任务是"保护侨民"和"防共"，但自始至终扮演着挑衅侵犯的角色。其中最严重的就是两次"丰台事件"。

　　从1936年5月起，日军即在丰台大举

兴建军营。丰台是北平大门，更是交通枢纽，具有特殊战略位置。6月26日，冯治安直属三十七师部分军队由张家口移防丰台，有几个士兵在铁路一侧遛马。飞驰而来的火车拉响汽笛，一匹马受惊狂奔，蹿入日军尚未竣工的营房中，日军竟强行将马扣留，中国士兵据理力争，又遭日军殴打。同时，成队的日军紧急出动，全副武装列阵举枪，如临大敌。中方驻军营长闻讯赶来，忍怒制止了中国士兵，事情暂时平息。第二天，一个日本特务冲进三十七师的马厩，声称这个马厩是他的私产，被中国军队强占了，要求立即腾出归还于他。中国军队觉得太荒唐，简直是无理取闹，未予答复。该特务竟拔出短刀就刺。正纠缠间，忽然拥来一批日军帮凶呐喊助威，双方遂发生械斗，各有损伤。日本在华防屯军直接向宋哲元提出抗议，要求道歉、赔偿，惩罚肇事者，还狂妄地提出：中国军队全部从丰台撤出！赵登禹听到汇报时，气得脸色铁青。他一贯要求部下"对日军的挑衅，要坚决以牙还牙！"但是，宋哲元自有主见，竟然答应了除撤出丰台之外的其他条件。第一次"丰台事件"暂告平息。

一个月后，日军在丰台的新营房建成，驻军骤增至两千余人，而二十九军在丰台只驻有一个营兵力。8月底，一个日本浪人森川太郎无故闯进我驻丰台军营闹事，与守卫士兵发生殴斗受伤，日方又提抗议，要求二十九军撤出丰台防地。宋哲元仍然只答应赔款、惩办打人凶手，日方不应，形成僵持局面。9月18日，三十七师混成旅二营五连演习完毕回营途中，与日军一个中队狭路相逢。由于街道太窄，两军不能交叉通过，日军耀武扬威，想挤开我守军硬过，双方发生冲突，此时，日军第一联队长牟田口联亲率一个大队赶来增援，行至大井村与二十九军驻军发生冲突，日军悍然开火，二十九军驻军奋勇还击，一时战况激烈。日军趁丰台的二十九军军营空虚，抢占有利位置，将二十九军驻军军营包围，二十九军立即布阵迎敌。日军先使用炮火破坏我守军工事，继之发起轮番冲锋。赵登禹闻讯后，立即命所部跑步赶到丰台车站，日军见中方人多势众，自行撤回原防。赵登禹面对日军的挑衅和广大群众的要求，态度十分明朗坚定，凡是他有权决断的方面，他总是下令不屈服，以牙还牙。但是，二十九军毕竟是一支实行绝对一长垂直领导的军队，在宋哲元这位绝对权威面前，赵登禹的观点，在小问题上可以自由付诸实施；而在大原则问题上，只要与上峰的观点有悖，便被置于不屑一顾的境地。他们面对日方猖獗、我守军愤起的对抗性局面，只好强压抑住军人的羞耻感和责任感，听候宋哲元的裁夺。但宋哲元仍然本着其"小不忍则乱大谋"的一贯态度，以忍让求和平，最后答应让出丰台军营。赵登禹、冯治安心如铅块，一语不发。当中国军官向赵登禹汇报"交接仪式"的经过时，不待说完即被他挥走。

从10月下旬起，日寇在天津连续大演习，践踏庄稼，驱逐农民，炸毁房屋，所到之处被他们弄得鸡犬不宁，人心惶惶。此时，北平党组织根据刘少奇的指示通过进步报刊，提出以武装示威来回答日军的侵略演习，并且向二十九军进

▽ 正在训练的二十九军大刀队

行宣传鼓动，二十九军爱国官兵积极响应。宋哲元不得不决定在远离北平城，远离日军驻军的北平西郊红山口和固安进行军事演习。北平各校学生在学生会、救国会的组织下，长途跋涉，分赴演习地区慰劳和参观。演习使二十九军官兵看到了自己的实力，消除了"恐日病"的心理。日军大演习后，北平学生到处宣传抗日，他们高呼"拥护二十九军抗日"的口号来到南苑一三二师驻地，散发传单，并深入到士兵中去做工作。官兵以和蔼亲切的态度与学生交谈。一位东北籍的士兵

▽ 战斗在卢沟桥的中国国民革命军第二十九军

对学生们说:我是东北人,我时刻忘不了我的家。不仅为民族,为别人,就是为自己,我也要收复东北。有个曾经参加过喜峰口抗战的士兵向学生们讲述了他怎样在赵登禹的指挥下打败日寇的经过。

宋哲元的忍让,不但未使日军的猖狂气焰稍减,反而变本加厉,越来越频繁地搞军事演习,其规模也越来越大,目的则是赤裸裸地向中国炫耀"大皇军"威仪。二十九军当地驻军人人义愤填膺,赵登禹、冯治安等都深感愤懑,毅然下令:要和日军的演习针锋相对,今天日军在哪里演习,明天我军就在原地演习,一定要演出威风,演出水平。

我守军官兵对这一决策欢呼雀跃,于是,一场接一场的"演习对抗赛"在北平本部南郊展开,日军今天刚刚亮相,二十九军明天就威武登场,杀声震天。日军见二十九军锋芒熠熠,气急败坏,提出要在卢沟桥与丰台之间建造军营,被拒绝后便在这一带大搞演习,由虚弹到实弹,由白天到黑夜,演习越来越接近实战。后又以演习需要为借口,要求从宛平城中穿城而过,然后再跨过卢沟桥,赵登禹命令驻军严厉拒绝,同时命令:日军若强行通过立即以强力制止。

→ 家乡的最后一面

★★★★★

（39 岁）

1937 年 4 月，赵登禹由北平南苑返回山东菏泽省亲。到达菏泽没几天，应菏泽县立完小、西关立达、山东省立六中教师的邀请，分别到这三个学校进行抗日演讲。

他身着军装，一行五人来到学校，到学校时受到了教师和学生的热烈欢迎。后由校长邵玉美陪同到课堂上给学生们讲话，主要内容是鼓励学生们好好学习，用知识武装革命力量，坚决抗日。他说："我自幼因穷上不起学，16 岁即去当兵，因为不识字，遇到了各种困难，这才拿着字典一个字一个字地请别人教我。我是一个大老粗，慢慢地变成大老细了。你们现在既有老师，又有学校，家长还供着你们，如果不好好念书，能对得起父母和国家吗？俗话说得好：'玉不琢，不成器，人不学，不知礼。'你们学到本领后，要为国家多贡献力量。我这次到菏泽，要招120人的学生队，最低要求起码得高小毕业，会写作300字的文章，培养他们既练文又练武，将来保卫祖国，去打倒日本帝国主义！"

他在讲台上问："当亡国奴好不好！"学生齐答："不好！"他说："你们既不愿当亡国奴，就得学好本领去打日本帝国主义。因为日本人在鸦片战争后，就有独霸中国的野心。日本的儿童上学时，教员就给学生买些中国产的好桃，分给学生吃，问学生桃好吃吗？学生答好吃，教员就说，要想吃桃必须长大当兵去打中国，中国是我们的老家，我们的祖先是叫中国人赶到海岛上来的，我们一定要打回老家去。" "最近日本人在北平不断挑衅，将来发生战争否？还在两可。日本人的武器比我们的好，但我们有大刀片，我在喜锋口就跟他们打过仗，日本人最怕我们的大刀片。日寇一旦来犯，我们每个中国人定当同心同力，保家卫国！"

赵登禹在这三个学校讲话后，还赠送给每

个学生一个银元，大约共 2000 元，学生们非常感动，并深受鼓舞。

4 月 18 日下午，二麦成熟之期，赵登禹到了原籍赵楼村，同百姓一起收割麦子。此时的赵登禹好像又回到了小时候、那个好助人为乐的"三儿"，有位穷苦老者说："赵登禹当了师长也没忘了穷人。"

临行前的一天晚上，赵登禹在菏泽城内与惠东煤油公司与黄河委员会委员李心斋谈话。李心斋说："黄河屡次决口，人民遭受水灾，许多房子都倒了，只能露宿街头，很多人流亡陕西。你能不能请示一下宋将军，把咱们这一段最危险的堤坝重修一下? 给老百姓造福。"赵登禹问道："光修这一段堤坝要多少钱? "李心斋说："以前做过预算，得六万元（银元），因不该一省拨款，报了几次都没批。"赵登禹说："我回到北京后，把这利害情况给宋将军说一下，拨六万元可能问题不大。"后来因为七七事变爆发，此事也就没有了下文。当天晚上，李心斋说："登禹，你这次来菏泽，各界人士和农民都很欢迎，想叫你照个相，多洗些给大家留念。"赵登禹很乐意地答复了。第二天在华光照相馆照了个全身坐像，身着军服，胸前佩戴着几枚勋章，一手扶着龙泉宝剑，精神抖擞。照相馆放大了一张，一直挂到菏泽沦陷。

→ 血战南苑名垂青史

★★★★★

（39岁）

1936年春，北平形势已经日趋紧张，华北驻屯军已经占领丰台。距丰台五公里即是北平咽喉通道卢沟桥，二十九军的将军们这才考虑到加强卢沟桥及宛平县城的防务，遂决定派三十七师一一〇旅二一九团第三营接防，第三营是个加强营，有步兵四个连，轻重迫击炮一个连，重机枪一个连，约一千四百人，营长金振中。

1936年夏，平津已成被日军三面包围之势。《塘沽协定》以后，日军势力东起塘沽口，西至昌平、延庆，对平津之北形成弧线包围。

《秦土协定》使中国失去察东六县，日军兵力已近张家口，北平向西通道随时可被切断。剩下的唯一通道，也是最重要的交通要道，只有平汉铁路一条。平汉铁路出北平13公里由卢沟桥过永定河，沿太行山缓坡南下中原腹地。

1937年6月，丰台日军以卢沟桥守军为假想敌的演习逐渐升级。从开始的日出而来，日暮而回，渐渐变成后来的日暮而来，日出而回，之后就是不分昼夜持续演习。先是一般空弹训练式演习，后是实弹实战式的演习。

这时，金振中的部队负有守城守桥的任务，但是他们也只能摩拳擦掌，无可奈何地看着敌人在自己眼皮底下放肆。一日，日军提出，要求通过宛平县城和卢沟桥石桥到长辛店进行演习。被我方守军拒绝。日军遂兵围城下，双方僵持十余个小时依然没有进展，此时的日军已经摸透了华北当局的"小不忍"的特点，于是找当局交涉，结果可想而知，折中的方案是：日军可以通过宛平城，但不能通过卢沟桥。宛平城是一个长640米，宽320米的长方形微型城。从东门到西门只有一条中轴路，没有北门和南门，中轴路两旁各160米即是城墙。日军只要从中轴路上走一遍，整个宛平城内的一切建筑设施、军事部署就可以看得清清楚楚，而出西门50多米就是卢沟桥石桥桥头。

日军一木清直大队的军官骑着高头大马，趾高气扬地进了东城门，向西门缓缓前进。这位军官左顾右盼，只见持枪携大刀的中国士兵密密排列在路的两旁，日军的战马虽然也训练有

△ 二十九军官兵在宛平城高呼抗日口号

素，可它究竟不是经常见到这样的阵势，恰在此时，中国士兵的大刀在阳光下闪闪发光，闪光射向马头，马儿受到惊吓，向路旁躲去，一脚踩到了一棵小树，小树在马蹄旁倒下去。小树边站着的中国岗哨，伸手抓住马的辔头说："罚款两角！"这位军官开始很横，根本不理哨兵的话，但中国官兵围过来，说他损坏了中国树木，必须赔偿，否则不能放行，军官权衡利弊后，只得掏出了两角钱。中国士兵敢于同日军据理力争，同平时赵登禹等人的教育是分不开的，赵登禹等抗日将领一直不满日军的无理挑衅，但碍于上层的"不抵抗"精神，只能在思想上教育士兵，对于日军的无理要求要坚决抵抗，对于我国有理的事，要坚决维护，增加了官兵对日军斗争的信心。

1937年7月7日夜，日军以演习途中一名士兵下落不明为由，强行要求进入宛平城搜查，遭到我守军严厉拒绝后便增兵围城。8日凌晨，日军不顾日方谈判代表仍在城中，迫不及待地向宛平城发起了进攻。这就是日本开始全面侵华的七七事变。

秦德纯指示二十九军的宛平城守军：保卫领土是军人天职，对外战争是我军人的荣誉，务即晓谕全体官兵，牺牲奋斗，坚守阵地，宛平城与卢沟桥为吾军坟墓，一尺一寸国土，不可轻易让人！中国军队奋起抵抗，拉开了抗日战争的大幕。

日军在强大的炮火掩护下，用九辆坦克配合步兵企图一举攻克宛平城，守城的二十九军以步枪和手榴弹等轻武器硬是顽强地把坦克全部打退，日军完全没有料到会遭到如此强硬的反击，战斗进行了三个多小时，日军除了炸毁城内的大批房屋外，毫无进展。这之后日军又玩起了缓兵之计，一面派人谈判停战事宜，一面调兵遣将以期扩大战火。中日双方多次交涉，达成停火协议后日军却又屡次背信弃约，秘密从朝鲜、日本国内调兵增援华北，准备发动全面的侵华战争。

宋哲元指挥的二十九军，由四个普通师、一个骑兵师、一个特务旅、两个独立混成旅组成。此外，在他指挥下的还有华北地区保安队，总兵力约十万人。事变前夕，二十九军对布防位置进行了调整。调整后，二十九军司令部与特务旅驻南苑，第三十七师主力驻北平西郊的西苑。第三十八师驻守北宁及津浦路沿线要地。赵登禹的

△ 1937年赵登禹陪同二十九军军长宋哲元检阅部队

一三二师驻河北南部任丘、河间一带，辖第一、第二、独立第二十七旅，兵力约在一万五千人。第一四三师驻察哈尔省内。卢沟桥事变发生后，二十九军多数将领均主张杀敌抗日，其中赵登禹、冯治安、佟麟阁更为激昂。但此时宋哲元正在山东乐陵老家休养，张樾亭在南京，一时群龙无首，部队又散驻各地，对作战十分不利。日军加强封锁，平保交通中断，电话不通，北平一片混乱。

7月11日，北平的各负责人推举冯治安、赵登禹等人去乐陵接宋哲元回北平主持大计。宋哲元到达天津后，天津的汉奸及投降派马上找到他，此时，宋哲元对日本人还抱有一丝幻想，表示"对日绝不抵抗"，称应"本国家人民立场"解决卢沟桥事件。宋哲元回到北平后，命令撤除城内防御工事，开启城门。20日，发表书面讲话："本人一向主张和平"，"哲元对此事之处理，求合法合理之解决"，谢绝了各方汇来的大批抗日劳军捐款。日军视三十七师为其侵占北平的最大障碍，要求将三十七师冯治安部调往冀南，所遗防务由一三二师赵登禹部接防。宋哲元满口答应。22日，一三二师一部到达南苑。23日，一三二师独立第二十七旅与撤退部队接防，开入北平市内，其

△ 1937年春，二十九军高级将领在北平举行军事会议后的合影（后排右起：佟麟阁、赵登禹、冯治安、郑大章）。

中一团驻于天坛，另一团在禄米仓驻扎。部队入平后，赵登禹命令他们在各要地构筑防御工事，与学生及抗日团体联络。赵登禹部接防后，北平人心渐稳，城内秩序趋向平静。

国民党南京政府主张卢沟桥事件就地解决。为此，南京军事参议院副院长熊斌 23 日晚抵达北平，向宋哲元面授机宜。24 日上午，熊斌召集宋哲元、秦德纯、赵登禹、刘汝明、冯治安等在进德社开会，传达国民党中央的对日方针。宋哲元对谈判抱有幻想，连日来与日方密切往来，谈判和平条件，把必要的军事准备放在脑后。日军则利用这一时机，派大军包围了平津，占据了许多重要的战略要点，作好了全面发动华北战争的准备。25日，以进攻廊坊三十八师驻军为起点对平津发动了全面进攻。26日晨，日军占领廊坊，平津线落入日军之手。廊坊一失，南苑处于敌我双方的中间地带。此时，二十九军的军部仍然在南苑。日军为截断永定门和南苑兵营之间的联络，26日冲击广安门，企图进入北平城，遭我方阻击，未能得逞。同时，日军还派骑兵在南苑附近我方陆地侦察，伺机总攻。

26日晚，日军华北驻屯军司令香月清司派其特务机关长松井谒见宋哲元，提出最后通牒，要求宋哲元撤出北平，退往冀南，否则立即以飞机大炮攻城。宋哲元在形势十分紧急之下召集秦德纯、冯治安、张自忠、赵登禹、刘汝明等将领开会。他说："南京的蒋对东北军命令不抵抗，丢了东北三省，对西北军抗日，他也不愿意。孙连仲告诉我说这次蒋决心要抗日了，中央军要北上。我说，我不相信，蒋不只要消灭红军，还要消灭二十九军，这是众所周知的事实，我们很清楚。现在日本小鬼子来打二十九军，我们坚决应战，不当孬种，要打到底。"各位将领一致赞成。27日下午5时，宋哲元给日方回话，拒绝了日军的要求。平津形势顿时紧张起来。宋哲元表示"决心固守北平，誓与城共存亡"。随即发出自卫守土的通电："为自卫守土计，尽力防卫。"一声令下，二十九军官兵在各线奋勇还击。傍晚，日军逼迫南苑。

7月27日，宋哲元急调赵登禹来南苑，任南苑所部前敌总指挥，并于同日将军部调进北平城内中南海。赵登禹驱车赶到南苑后，马上和佟麟阁及骑兵师长郑大章、军事训练团张寿龄等人交换情况。赵登禹分析当时局势的发展趋势，认为南苑很有被轰炸和袭击的可能，应当加强周围的防御工事，准备抗击敌人。赵登禹自豪地说："在喜峰口那次战斗中，我们还不是把他打得落花流水了，等着瞧吧！"他主张统一指挥，全面安排，协同作战，并说，他已经电催一三二师日夜兼程赶到南苑集中；在队伍到达之前，已派出大量便衣队员在南苑外围警戒。之后，他立即召集师、旅、团长们开会，发布口头作战命令。他集合军训团训话，说保国杀敌已到时候，军人必须以保土、卫民为天职。正当此时他突然听到团河方面有枪声响起，将军们就都走出了指挥部，向东南方向望去，只见团河附近火光冲天。密集的枪声、隆隆的大炮，使南苑兵营的地面也变得颤抖起来。赵登禹估计到，这可能是其下令来增援南苑的两个团官兵与敌人遭遇。可是，此时的二十九军将领们无论如何也想不到，赵登禹部北上的军情已经被汉奸潘毓桂等人出卖给日本人。日军利用情报，其主力兵团、川岸文治郎的二十师团已经突然出现在团河附近。所以，佟麟阁、赵登禹等认为，是赵登禹

115
浴血南苑

的支援部队北上途中，与敌军不期而遇，他们纵观全局，果断命令：两个团突破日军防线到南苑集中。可是，赵登禹的两个团被以逸待劳的日军炮火打得伤亡惨重，只有部分部队冲出包围赶到南苑。

南苑守军此刻无法支援赵登禹，实在因为无恰当兵力可调。南苑位于北平南郊外10公里，是北平有名的军营，但他在建立之始，就只是一个训练基地，并非准备以此为战场。当时的驻军只有三十七师炮兵、步兵各一个团，再就是特务旅所属的两个团，旅长孙玉田；军官教导团；骑兵第九师的一个团，师长郑大章以及学生训练团，其各部大多由所属部队分期分批调来南苑进行军事训练，人员大多不齐，没有作战时互相协调配合的安排。更重要的是，虽然在赵登禹总指挥来之前，他们统归副军长佟麟阁和第三十七师师长冯治安领导，可是编制混乱，无法统一指挥。面对此种情况，佟麟阁、赵登禹决心与官兵一同死守南苑。

7月28日凌晨，日军集中机械化部队，配以空军，向驻南苑的二十九军发起大规模的进攻。日军五架轰炸机向学兵阵猛烈轰炸，密集的炮弹大都落在学生兵们的阵地上。佟麟阁、赵登禹亲临南苑前线，指挥部队英勇抗击。由于敌我力量相差悬殊，我方伤亡较大，日军从东、西两侧攻入南苑，双方陷入肉搏战。当日军行至离赵登禹部队的阵地200米处时，赵登禹一手紧握驳壳枪，一手挥动大刀片，大吼一声，率众向敌军冲杀过去，刀枪相搏，杀声震天，炸弹轰鸣，硝烟弥漫。众将士见师长亲自冲锋陷阵，士气大增，一鼓作气，把日军驱逐了近一公里。

三十七师冯治安师长得知丰台日军攻击南苑的消息，立即派其所属何基沣旅向丰台展开进攻。丰台日军腹背受敌，唯恐中国军队捣毁其老巢，开始撤兵，攻击力量渐渐减弱。整个战局暂时处于僵持局面。进攻兵营东南方向的日军川岸师团部队大约有三千人，进攻西北方向的河边旅团步兵在两千人左右，并有飞机和炮兵的支援，火力远强于中国军队。

此时，赵登禹总指挥已调一三二师的王长海第一旅和第二旅北上支援。第一旅、第二旅已北上至琉璃河良乡附近，王长海在长城抗战中也是叱咤一时的勇将，但他有个致命的弱点，就是相信术数。兵至琉璃河附近时，他请术士占卜吉凶。"卯时前渡河主凶"，所以他迟迟不肯渡河，错过了大好时机。

这时，佟麟阁已经回到指挥部，他从瞭望口向阵地瞭望，发现爆炸声在学兵阵地始终响个不停，而其他阵地则几乎没受到什么轰炸。日军就好像有预知能力一样，知道营区东南角的学兵阵地是一批学生，战斗力最弱。他怎么也不会想到，日军已经从潘毓桂口中得到了二十九军军事情报。潘毓桂是政委会委员，宋哲元的世交。他可以从各种渠道得到二十九军最机密的军情，包括前面赵登禹调来支援的两个团也是因为他的出卖而伤亡惨重。日军由汉奸出谋划策在用飞机轰炸学兵营的同时，又派来了伞兵把他们空投到学兵营的食堂附近，因这里更是弱中之弱，整个营房只有几个做饭的士兵，他们看到空降的日军，没有丝毫畏惧，拿起菜刀向敌军杀去，但很快都被日寇机枪射得血肉模糊。这些伞兵和外面攻击的士兵里应外合，学兵们都是一些尚未受过系统、全面训练，更无实战经验的学生，面对受过严格训练的日本关东军，很快就呈现败势，学兵们渐渐向后退却，渐渐退到了堑壕的边缘，又渐渐地退出堑壕。日军利用伞兵占领食堂的房顶，这是佟麟阁难以预料的，如果当时他有迫击炮或火力较强的机枪，也许还可以同日军拼上一拼，可是他不掌握这样的火力。他忙用电话联系前线总指挥赵登禹，可此时电话线早已被日军剪断。在南苑，有郑大章的一个骑兵团，可是战事刚开始，日军就用大炮猛轰马棚，马儿不是被炸死，就是被惊吓得到处乱跑，很难收回，整个骑兵团也就变得毫无用处。此时在北平城内的宋哲元已经接到赵登禹的电话，了解了南苑发生的情况，鉴于形势危急，在和秦德纯、冯治安等商议后，宋哲元决定放弃南苑，速将南苑各部调回城内，以保存实力。

日军在组织上次冲锋以后，突然间安静下来，没有了声息。

原来他们已经从汉奸处得知，中国军队局面混乱，已经开始准备撤退。此时再用重兵去占领南苑兵营已经没有多大价值，眼前最重要的是，马上派出一支劲旅截击溃逃的中国军队，消灭二十九军的有生力量。

俗话说：兵败如山倒。由于撤兵的命令被惊慌失措地传达，士兵们都蹿出阵地，向北平方向蜂拥冲去，南苑去往北平方向的一带都是平原，无险可守也无处藏身，日军派出30架飞机进行轰炸，道路上的中国官兵被炸得血肉横飞。佟麟阁此时仍在南苑坚守阵地顽强地与进攻的敌人激战，掩护队伍撤退。总指挥赵登禹得到撤退命令后，即令有关人员火速传达，并留下副总指挥郑大章处理一切，自己则马上返回北平参加军事会议，研究新的对策。赵登禹乘坐的轿车刚到永定门外约两三里的地方，突然遭到日军狙击，车身中了几弹，幸好汽车未失灵，由于车上只有参谋副官和卫兵两人，无法对付日军的机枪，只好调头退回再想办法。从前线撤下来的二十九军士兵，又与前来截击的丰台日军进行了交战，二十九军怀着满腔热血，拼命冲杀，终于杀出一条血路。

赵登禹见南苑的撤兵如羊群一样溃退，又看到副总指挥郑大章骑马慌张而来，便先令他进城汇报，自己暂时留此疏导。这时日军飞机在头顶盘旋轰炸，因汽车目标太大，赵登禹便下车步行，刚下车没走几步，汽车就被炸得粉碎，碎片炸到赵登禹等人的身上。此时，佟麟阁被敌四面包围。为了突破包围，减少撤退中的伤亡，佟麟阁决定，在南苑通往北平的要道大红门附近掩护队伍突围。敌机还在不断地沿公路轰炸，他们放弃公路循小路分散行进。抵达大红门后，佟麟阁立即下令：不论哪个部队撤退的士兵，都要统一编组，凡是军官都出来指挥，组织起来，统一撤退，并在大红门东边的土山上设置了瞭望哨，观察各部队的行动。

　　28日午后1时，副军长佟麟阁正率领将士英雄奋战，不料两架敌机突然袭来，向他们疯狂扫射，佟麟阁腿部被射伤。在简单包扎后，士兵劝他退下，他执意不肯，坚决地说："个人安危事小，抗敌事大。"

　　因南苑失守，冯治安袭击丰台的部队撤回，丰台日军实力加强，前来大红门截击的日军陆续增加，退兵因从凌晨抗敌，连续战斗了十几个小时，已经极度疲劳，官兵、武器都已残缺，实力非常单薄，渐渐处于劣势。下午 2 时，退兵渐渐撤完，赵登禹忽听大红门附近枪声骤起，他知道这定是丰台日军前来截击，考虑到副军长佟麟阁还在后面，而且后面没有什么兵力，便果断下令：留下所有的官兵，一齐返回大红门，去营救佟麟阁! 而此时,佟麟阁将军头部又受重创,壮烈殉国。

　　日军窥视出赵登禹准备退到大红门营救佟麟阁的意图，抢先一步在南苑到大红门的公路两边分别架起了机枪，以火力封锁道路。为了激励官兵，赵登禹冲锋在前，指挥部队奋勇抵抗，一步步向大红门方向前进。当知道佟麟阁将军阵亡后，他指挥部队痛击日军。赵登禹亲率一排士兵冲杀，不幸的是，在他率余部继续向黄亭子附近转战时，日军以机枪猛烈扫射和飞机轮番轰炸等密集的火力封锁道路，赵登禹胸部中弹，身受重伤。警卫劝其立即撤退到安全地方，赵登禹不肯，反而忍着剧痛命令官兵向日军反击。这时，一枚炸弹飞来，炸断了他的双腿，他昏迷了过去。赵登禹醒来后，对传令兵说："军人战死沙场原是本分，没有什么值得悲伤"，"我有老母在北平，麻烦你回去告诉我的老母，忠孝不能两全，她的儿子为国死了，也算对得起祖宗，请她老人家放心吧！"说完当场牺牲，时年 39 岁。

赵登禹在大红门被敌轻机枪穿胸殉国，实践了报国的宏愿。官兵们在烈士鲜血染红的阵地上痛哭宣誓："与日寇血战到底，保卫祖国土地！"

佟麟阁、赵登禹以身殉国，全国抗日军民同声哀悼。1937 年 7 月 31 日，国民政府发布褒扬令："陆军第一三二师师长赵登禹，精娴武略，久领师干……此次在平应战，咸以捍卫国家保卫疆土为职志，迭次冲锋，奋厉无前，论其忠勇，询足发扬士气，表率戎行，不幸身陷重围，死于战阵。为以彰忠烈，追赠赵登禹为陆军上将……"

宋哲元得知赵登禹牺牲的消息后，不由得失声痛哭："断我左臂矣，此仇不共戴天！"

赵登禹的老上级、他所敬重的冯玉祥得知其死讯，作诗以吊，情辞诚挚，一字一泪。诗中写道："赵是廿三年的弟兄，我们艰苦共尝，我们患难相从。"赞许赵登禹"长杀敌，夜袭营"、"极孝义而尤能笃行"。

赵登禹将军殉国后，《救国时报》于 8 月 5 日发表社论，高度评价赵登禹将军英勇牺牲的精神。指出：从军人本分上说，将军抗敌守土，奋

△ 1952年6月11日毛主席签发的《革命牺牲军人家属光荣纪念证》

战到最后一滴血，光荣地完成了保国卫民的天职，足为全国军人的模范。从史实上说，抗战中曾经有不少健儿志士杀身成仁，然赵登禹将军是坚决抗战、以身殉国最早的高级将领。从振奋军心上说，赵登禹为国捐躯的忠勇气节，足以打破怯懦退缩、贪生怕死的心理，更能激发我无数健儿杀敌的决心，赵登禹这种精忠报国、视死如归的伟大精神，实在是我国军队的最优秀代表。

赵登禹的抗日功绩，受到毛泽东主席的赞扬。1938年3月12日，《在纪念孙总理逝世十三周年及追悼抗敌阵亡将士大会的演说词》中，毛泽东

主席说："我们真诚地追悼这些死者，表示永远纪念他们。从郝梦龄、佟麟阁、赵登禹……诸将领到每一个战士，无不给了全中国人以崇高伟大的模范。"1952 年 6 月 11 日，毛泽东主席亲自批准赵登禹将军为革命烈士。

1938 年秋，宋哲元在湖南衡山观音桥侧立义忠亭，为佟、赵两将立碑纪念。同年，国民政府在南岳衡山建立一座纪念抗日阵亡将士的忠烈祠，并在忠烈祠前建立一座七七纪念塔，于

1943 年落成，宣布抗日殉国将领佟麟阁、赵登禹等人入祀忠烈祠。

抗战胜利后，原第二十九军旅长何基沣奉冯治安之命，到北平将赵登禹将军及第二十九军其他抗日阵亡壮士之忠骨，移葬于卢沟桥畔。

1946 年，赵登禹将军、佟麟阁将军殉职九周年，北平市各界举行抗战胜利后首次公祭。李宗仁、冯玉祥等发出公祭征文启，赞扬赵登禹将军。征文启称："第二十九军长城之捷，壮采空前，举世震悚，以赵将军登禹之功为最多。""南苑之战，奋勇先登，叱咤驰骤""此次抗战，将军首倡捐躯，为河山壮色"。

在此之前，北平人民为了纪念这位为国捐躯的民族英雄，特将城内崇元观至太平桥的一段马路，命名为"赵登禹路"。同时，北平通县也将古运河西岸的东大街更名为"赵登禹大街"以示纪念。

1980 年，北京市人民政府先后把位于卢沟桥畔的赵登禹墓进行了三次重修，并建立一碑。1985 年，北京军事博物馆为赵登禹将军塑像。1987 年，卢沟桥抗日纪念馆建成，还开辟了七七烈士陵园，以永远纪念这位著名抗日将领。家乡的人民更没有忘记他。1992年，菏泽市人民政府在烈士陵园修建了赵登禹烈士纪念碑亭。1995年，菏泽市杜庄乡中学被命名为登禹中学。至今，在菏泽还流传着这样一首描写赵登禹将军的诗词：

一代虎将性刚尤，赤胆忠心向神州。

杀尽日寇平生愿，甘洒热血报国仇。

抗日烈士赵登禹将军的英勇形象将永远铭记于人们心中，名垂青史！

后 记

继承英雄志　盛世立新功

写完此书，内心澎湃，久久难以平静，眼前总是不断地闪过那个挥着大刀，带领二十九军以血肉之躯抵抗日本侵略者的革命先烈赵登禹的身影。有的人走了，身影随之消失；有的人走了，却给一个民族投下长长的身影……

跟随冯玉祥南征北战，学习军事指挥技术；喜峰口上他痛击日军，扬我中华国威；剿灭常德、陕甘土匪，为民除害；保卫疆土，血战南苑，激起无数人的抗战热情。短短的 39 年，他却为中国抗日战争史画下了浓重的一笔，无人可替代的一笔。

据说，他英勇殉国后，草草掩埋的尸体被敬仰他的龙泉寺僧人们取出打算好好安葬，却发现赵登禹将军的双目怒睁，似有未完之遗志。盛殓的棺材里也经常能听到大刀的铮铮声、马蹄衔枚疾走的风雨声。

在赵登禹鲜血染红的阵地上官兵们发出怒吼："与日寇血战到

底，保卫祖国土地！"英雄的事迹感染了无数革命志士，纷纷投身到抗日的大业中。1937年8月7日国民政府决议抗战，全面抗日战争拉开了大幕。1945年8月15日日本帝国主义宣布无条件投降。赵登禹将军的遗志终于实现，英雄鲜血染红的五星红旗飘扬在祖国的上空。

今天，中国正在崛起，正在繁荣，正在强盛！那个任人宰割的时代已经一去不复返了，正是赵登禹将军这样千千万万的民族英雄的爱国主义精神，激励着一代又一代人发愤图强。前事不忘，后事之师，重温历史，是为了纪念抗日战争胜利的来之不易，缅怀那些为新中国成立而壮烈牺牲的英雄，同时也是为了以史为鉴，面向未来。今天，中华民族的发展正面临着难得的机遇，我们每一位中华儿女，都应该继承英烈的遗志，以高度的责任感克服前进道路上的一切艰难困苦，为共同建设美好和谐的社会作出自己的一份贡献。